Weber, Witwen, Sperlinge

Horst Bielfeld

Weber, Witwen Sperlinge

2., überarbeitete Auflage
58 Farbfotos

VERLAG
EUGEN
ULMER

Die Deutsche Bibliothek – CIP-Einheitsaufnahme

Bielfeld, Horst:
Weber, Witwen, Sperlinge / Horst Bielfeld. – 2., überarb. Aufl.
– Stuttgart : Ulmer, 1992
   ISBN 3-8001-7235-6

© 1976, 1992 Eugen Ulmer GmbH u. Co.
Wollgrasweg 41, 7000 Stuttgart 70 (Hohenheim)
Printed in Germany
Lektorat: Ulrich Commerell
Herstellung: Daniela Sobek
Einbandgestaltung: A. Krugmann mit einem Foto
(Königswitwen, Männchen und Weibchen) von Horst Bielfeld
Satz: IBV Satz- und Datentechnik GmbH, Berlin
Druck: Karl Grammlich, Pliezhausen
Bindung: Riethmüller, Stuttgart

Vorwort zur 2. Auflage

Nun ist auch für die „Weber, Witwen, Sperlinge" eine Neuauflage nötig geworden. In den letzten Jahren haben sich eine Anzahl Erstimporte und -zuchten bei diesen Vögeln erzielen lassen. Das konnte nun in der neuen Auflage Erwähnung finden.

Es ist nicht einfach, diese intelligenten und zumeist sehr spezialisierten Vögel zum erfolgreichen Abschluß der Zucht zu bringen. Große Volieren sind erforderlich, die nach den Bedürfnissen der jeweiligen Art ausgestattet sein müssen. Darin können sie oft in einem kleinen Schwarm ihrer Art gepflegt werden, was bei vielen anderen Vögeln nicht möglich ist, zumindest nicht, wenn sie in Brutstimmung sind. Ihre oft stürmische Art, ihre kreischenden Stimmen (dabei viel leiser als die der meisten Papageien) und ihr noch geringer Preis, lassen viele Vogelliebhaber Abstand von der Haltung der Webervögel nehmen. Ihre leuchtenden Farben, ihr interessantes Verhalten und ihre großartige Baukunst sollten jedoch Anreiz genug sein, sich diesen Vögeln zuzuwenden.

Für diese Auflage gilt mein Dank besonders Herrn Gerhard Gassner, der von seinen zahlreichen Afrikareisen nützliche Hinweise und Fotos von Webervögeln aus freier Natur mitgebracht hat. Dank auch Herrn Theo Pagel, der mir Fotos von seltenen Webern zur Verfügung gestellt hat.

Jameln, im Januar 1992   Horst Bielfeld

5

Inhaltsverzeichnis

Die Gattungen und Arten

Familie Webervögel *(Ploceidae)*

Familie Witwenvögel *(Viduidae)*

Familie Kuckucksweber *(Anomalospizidae)*

Familie Sperlinge *(Passeridae)*

Die Webervögel, Witwen und Sperlinge in der Natur

Ihre Stellung im Vogelreich

Die Webervögel, Witwen und Sperlinge gehören der großen Ordnung der Sperlingsvögel *(Passeriformes)* an und bilden innerhalb der Unterordnung der Singvögel *(Oscines)* die Familien der Webervögel *(Ploceidae)*, Witwenvögel *(Viduidae)*, Kuckucksweber *(Anomalospizidae)* und der Sperlinge *(Passeridae)*. Früher wurden diese Familien, dazu die Familie der Prachtfinken *(Estrildidae)*, vereint in der einen Familie der Webervögel geführt. Die inneren und äußeren Unterschiede sowie ihr recht verschiedenes Verhalten sprechen jedoch für die Aufteilung in verschiedene Familien.

Während die Bartstrichweber *(Sporopipinae)* auf der einen Seite recht viele Gemeinsamkeiten mit den Prachtfinken haben, stehen am anderen Ende der in diesem Buch behandelten Vögel die Schneesperlinge *(Montifringilla)* den eigentlichen Finken (Familie *Fringillidae*) sehr nahe. Sie werden deshalb auch Schneefinken genannt.

Es gibt 113 Webervogelarten, die in 34 Gattungen zusammengefaßt sind. Die Familie der Witwenvögel umfaßt 14 Arten in 4 Gattungen. Eine einzige Kuckucksweberart bildet zugleich eine Familie. Die Sperlinge sind dagegen mit 29 Arten in 7 Gattungen zusammengefaßt. Die Summe der in diesem Buch beschriebenen Vögel beträgt also 157, eine große Zahl sehr unterschiedlicher Gefiederter, von 10–25 cm Länge, bei einigen mit langen Schwanzfedern bis 75 cm.

Lebensraum und Klima

Die weitaus größte Zahl der Webervögel lebt in Afrika, wenige auf Madagaskar, in Indien, auf Ceylon und von Indochina bis Sumatra, Java und Bali. Die Witwen sind alle in Afrika beheimatet, während die Sperlinge außer in Afrika in Europa und Asien vorkommen, ostwärts bis Japan und nordwärts bis in die Mongolei. Der bevorzugte Lebensraum der meisten Weber, der Witwen und einiger Sperlinge sind die Savannen, die Dornbuschsteppe, die Hochgras- und Schilfbestände in der Nähe von Gewässern und Sümpfen, Ufergebüsch und die Waldränder. Einige Arten sind in den Wald vorgedrungen, manche haben Kulturland, die Parks, Plantagen, Gärten und Ortschaften besiedelt. Wenige sind sogar zu Bewohnern von Hochgebirgen geworden.

Das Klima, in dem die meisten Weber, die Witwen und einige Sperlinge leben, ist tropisch oder subtropisch. Es herrschen Temperaturen von ca. +10 bis +39 °C im Schatten vor. Wärme sind sie also gewohnt. Viele können aber auch niedrigere Temperaturen gut ertragen, besonders die im Hochland lebenden Arten. Sperlinge, die in Europa und in nördlicheren Teilen Asiens leben, vor allem die gebirgsbewohnenden Schneesperlinge, sind sogar einige Zeit im Jahr empfindlichem Frost ausgesetzt.

Die Nahrung

Fast alle Weber, die Witwen und die Sperlinge sind überwiegend Körnerfresser. Sie leben von mehlhaltigen Sämereien wie Grassamen und Hirse. Auf Kulturland nehmen sie außerdem Glanz, Hirse, Weizen und Reis. Einige Weber können dann zu einer großen Plage werden, wenn sie in riesigen Schwärmen, der Blutschnabelweber oft zu Millionen, über die reifenden Felder herfallen. Zum Glück richten nicht alle Weber solche Schäden an, treten nicht in so großer Zahl auf und bleiben in Wildnisgebieten. Dort verzehren sie auch andere Wildkrautsämereien, Knospen, Grünes und Früchte. Der Anteil an tierischer Nahrung ist außerhalb der Brutzeit meist niedrig. Zur Aufzucht der Jungen werden aber bei vielen Arten ausschließlich oder überwiegend Insekten gefüttert. Bei den meisten waldbewohnenden Webern sind zu allen Jahreszeiten Insekten die Hauptnahrung. Diese Weber nehmen höchstens noch Beeren und Früchte zu sich. Die Sperlinge, die zu Kulturfolgern geworden sind, haben sich zu Allesfressern entwickelt und leben von allen möglichen Abfällen, die sie in der Nähe des Menschen finden.

Weber sind soziale Vögel

Bis auf die waldbewohnenden Arten, die meistens paarweise oder in kleinen Familienverbänden anzutreffen sind, leben die meisten Webervögel sehr gesellig. Sie sind außerhalb der Brutzeit in kleineren bis riesigen Schwärmen unterwegs, oft auf Wanderungen nach Wasserstellen und Futterquellen begriffen. Eine Anzahl von Arten bleibt aber auch das ganze Jahr über standorttreu.

Zur Brutzeit finden sich die meisten Weber zu kleinen bis großen, lockeren bis sehr dichten Brutkolonien zusammen. Zu dieser Zeit haben die Männchen der meisten Arten ihr prächtiges Hochzeitskleid angelegt, das bei vielen an Farbintensität kaum zu überbieten ist. Die Farben Gelb, Rot, Olivgrün, Kastanienbraun und Schwarz herrschen vor. Auch einige Weibchen sind zu der Zeit etwas farbenfreudiger gefärbt. Für Abwechslung ist gesorgt, denn die meisten Webermännchen tragen ihr Prachtkleid etwa nur für die Hälfte des Jahres. Während der anderen Hälfte sehen sie recht unscheinbar grün, grau, braun und zumeist noch gestreift aus, wie die Weibchen der meisten Weberarten das ganze Jahr über. Einige Arten tragen ihr prächtiges Gefieder das ganze Jahr über. Bei diesen ist das Weibchen oft ebenso farbenfroh, doch meistens etwas anders gezeichnet als das Männchen.

Hochinteressant ist der Nestbau bei den Webervögeln. Nicht umsonst heißen sie Weber. Sie arbeiten nach dem Prinzip von Kette und Schuß und bringen äußerst kunstvolle und haltbare Nester zustande. Sie bauen Beutelnester, oft an langen, geflochtenen Seilen aufgehängt, häufig mit kurzen oder bis meterlangen, herabhängenden Einschlupfröhren versehen oder in zwei Kammern eingeteilt. Die Nester mit langen Einschlupfröhren werden vor allem von waldbewohnenden Arten gewebt, während die Weber der Steppen und Savannen hauptsächlich Nester mit nur kurzer oder ohne Röhre und mit dem Einschlupf an der Unterseite bauen. Die Widavögel und Feuerweber flechten ihre zumeist kleinen Kugelnester zwischen Grashalme, Schilf und Gesträuch. Diese Nester haben ihren Eingang meistens seitlich oben.

Bei all diesen Webern wird das Nest auf folgende Weise gebaut: Zuerst flicht das Männchen einen aufrechtstehenden Ring zwischen Gezweig oder Halme, oder es hängt ihn an ein Zweigende. Dieser Ring ist die Ausgangsplattform für die weiteren Arbeiten. Auf der einen Seite wird die Brutkammer ausgebildet, auf der anderen schließlich der Einschlupf geformt. Dieser erhält oft ein Dach aus grünen Gräsern oder Grasrispen, was den Eingang verbergen hilft.

Die Bartstrichweber (Sporopipinae) und die Sperlingsweber (Plocepasserinae) bauen weniger kunstvolle Nester. Es sind von außen locker aussehende Grashaufen. Bei den Sperlingswebern haben die Nester zwei Eingänge, von denen einer zur Brutzeit geschlossen wird.

Zumeist wird das Nest oder eine Reihe von Nestern vom Männchen gebaut, vom interessierten Weibchen dann noch ausgepolstert. Gräser und Palmblattstreifen sind das Baumaterial, Fasern, Federn und Haare werden zur Polsterung genommen. Bei Waldbewohnern sind vor allem Ranken und Blattstreifen sowie Blätter das wichtigste Baumaterial.

Viele Weber bauen ihre Nester an Zweige, die über ein Gewässer hängen. Auch Arten, die zwischen Gräsern und Schilf bauen, bevorzugen häufig Standorte direkt über dem Wasser. Diese Maßnahme ist ebenso als Schutz der Brut vor Feinden gedacht wie die langen Einschlupfröhren. Nicht wenige Weber suchen aus diesem Grund die Nähe von Wespennestern für ihre Kinderstuben, einige sogar die von kriegerischen Ameisen.

Die großen Gemeinschafts-Reisignester der Büffelweber, zwischen die jedes Paar seine eigene Brutkammer baut, sollen ebenso Schutz vor Feinden bieten wie die mit einem gewaltigen Dach versehenen Nester des Siedelwebers. Er baut mit seinen Schwarmzugehörigen ein dichtes, festes Dach aus Reisern und Gras auf einen ausladenden Ast. An der Unterseite hat jedes Paar sein eigenes Nest eingewoben, das nur einen Einschlupf von unten besitzt. Ein solches Gemeinschaftsnest wächst von Jahr zu Jahr. Manchmal brüten in ihm mehr als 100 Weberpaare, dazu oft noch einige Paare der Rotkopfamadine, des Schnurrbärtchens und des Zwergfalken. Diese Nester der Siedelweber werden oft viele Jahrzehnte benutzt, erreichen einen Durchmesser von mehreren Metern und werden schließlich so schwer, daß der tragende Ast abbricht.

Schlangen gelten als die wichtigsten und gefährlichsten Feinde der Weber in den Brutkolonien. Sie können bis zu den Nestern an den dünnsten Zweigen vordringen und unter den Nestlingen in einer Kolonie große Verluste verursachen. Honigdachse und andere Räuber mögen manchmal Nester plündern, doch fällt dieses meistens nicht sonderlich ins Gewicht.

Junge Weber kommen meistens gut hoch, was sich aus der in der Regel kleinen Eizahl von 2–4 pro Gelege bei den baumbewohnenden Arten ableiten läßt. Die im Gras und Schilf brütenden Arten haben größere Gelege, weil ihre Jungen dort gefährdeter sind. Oft werden hohe Verluste in großen, dichten Kolonien durch Spulwürmer festgestellt. Auch ist von Massensterben der Jungen beim Ausfliegen aus den Nestern berichtet worden. Es handelt sich dabei um eine Leucocytozoon-Infektion. Die Zysten dieser Einzeller wurden in Magenwänden, Lunge, Herzmuskel und Gehirn festgestellt. Da diese Infektion in zumeist sehr großen Kolonien auftritt, übernimmt sie wohl die Funktion des Ausgleichs gegen Übervölkerung, was am Beispiel des Blutschnabelwebers mit Kolonien von Millionen von Nestern biologisch sinnvoll erscheinen mag.

Webervögel sind in der Regel sehr lautfreudig, vor allem in den Brutkolonien. Da herrscht ein Geschwatze und Gekreisch, das meistens schon aus einiger Entfernung zu vernehmen ist. Es gibt Weber mit recht hübschen Stimmen, doch sind sie die Ausnahme. Die meisten quietschen, zischen, glucksen, kreischen und schnarren – für das menschliche Ohr nicht immer lieblich.

Witwen brüten nicht selbst

Witwen sind Vögel von eigenartiger Schönheit und sonderbarem Verhalten. Sie stehen den Webervögeln nahe, besonders den Feuerwebern und Widavögeln. Alle Witwen kommen in Afrika vor und leben in den Dornbuschsteppen und Savannen. Waldränder, Ufergebüsch, Hochgras, Schilf, Felder, Plantagen, Gärten und sogar Ortschaften werden von den einen oder anderen ebenfalls bewohnt. Das eigenartigste an den Witwen ist ihr Brutparasitismus. Irgendwann vor langer Zeit haben diese Vögel es aufgegeben, selbst Nester zu bauen, die Eier auszubrüten und die Jungen aufzuziehen. Statt dessen legen sie die Eier in die Nester von Prachtfinken, jeweils ein oder zwei Eier in das Nest eines Wirtsvogels. Dabei haben sich die Witwen so sehr spezialisiert, daß jede Art nur bei einer ganz bestimmten Prachtfinkenart auf diese Weise parasitiert.

Von unserem heimischen Kuckuck und von anderen Brutparasiten wissen wir, daß der Jungvogel, sobald er geschlüpft ist, die Eier bzw. Jungen des Wirtsvogels aus dem Nest wirft oder tötet. Nun schaden sich diese Parasiten jedoch selbst, wenn sie die Zahl der Wirtsvögel durch Vernichten deren Nachwuchses schmälern. Sie setzen sich damit selbst Grenzen. Die Witwen haben einen anderen und in der Vogelwelt einmaligen Weg beschritten. Sie lassen eins oder auch zwei ihrer Jungen zusammen mit denen des Wirtsvogels aufziehen, ohne daß auch nur ein Prachtfinkenjunges geopfert wird.

Das setzt eine große Anpassung voraus. Diese haben die Witwen an ihre jeweilige Prachtfinkenart in perfekter Weise erreicht. Nicht nur die Eier, die bei allen Arten weiß sind, gleichen sich aufs Haar, sondern auch die Jungen. Prachtfinkenjunge betteln mit Drehbewegungen des zurückgelegten Kopfes. Das machen die kleinen Witwen ihnen nach. Sie tragen sogar die gleichen Rachenzeichnungen und Papillen in den Schnabelwinkeln als „Erkennungsmarken" und „Fütterungsreize". Jede Prachtfinkenart hat nämlich ihre eigene und von den anderen unterscheidbare Rachenzeichnung. Wollen die kleinen Witwen bei der Fütterung nicht übergangen werden, müssen sie die gleiche Zeichnung besitzen. Sie betteln mit den gleichen Stimmen und legen auch ein gleiches graubraunes oder grünlichbraunes Jugendgefieder an, das dem der jungen Prachtfinken täuschend ähnlich sieht. Sie sind also für die Prachtfinkeneltern von deren eigenen Jungen nicht zu unterscheiden.

Nach dem Ausfliegen und Selbständigwerden bleiben die jungen Witwen noch eine Zeitlang in der Gesellschaft der Prachtfinkenfamilie. Sie erlernen somit deren Rufe, die Männchen auch den Prachtfinkengesang. Rufe, Bettellaute und Gesang der Wirtsvögel werden so sehr ein Teil ihrer selbst, daß den erwachsenen

Witwen noch anzuhören ist, welche Prachtfinkenart sie aufgezogen hat. Neben ihren eigenen knarrenden und schäkernden Witwenlauten bringen die Witwenmännchen das gesamte Repertoire an Lauten „ihrer" Prachtfinkenart. Bettelgeschrei der Jungen, Nestlockruf sowie alle anderen Rufe und der Gesang werden so täuschend nachgeahmt, daß selbst die Prachtfinken sie für „echt" halten. Das Witwenmännchen mit dem besten Nachahmtalent findet die Gunst des Weibchens, denn es kommt auf die bestmögliche Anpassung an, auf die Erhaltung der Art.

In Fortpflanzungsstimmung kommen die Witwenweibchen durch das Beobachten balzender und nestbauender Prachtfinkenpaare. Dadurch wird die Eireifung ausgelöst, während die Balzflüge und das Rütteln des arteigenen Männchens die Paarungsbereitschaft des Weibchens wecken.

Neben schönem und glänzendem Gefieder tragen die meisten Witwen 4 verlängerte Schwanzfedern. Da diese im Fluge wallen und dadurch wie Schleier aussehen, ferner wie Teile ihres übrigen Gefieders schwarz sind, wurden sie „Witwen" genannt. Die Atlaswitwen haben als einzige keine verlängerten Schwanzfedern. Bei ihnen ist das gesamte Gefieder schwarz, teils auch schwarzbraun. Sie werden auch Stahlfinken genannt, und zwar wegen ihres metallisch blau glänzenden Gefieders. Bei einigen ist dieser Glanz aber auch grün, rötlich oder violett.

Außerhalb der Fortpflanzungszeit tragen die Witwenmännchen ein ebenso schlichtes Gefieder wie ihre Weibchen das ganze Jahr über. Auch die langen Schwanzfedern werden abgeworfen. Während zur Brutzeit ihrer Wirtsvögel die Witwenmännchen Reviere bilden und diese gegenüber Rivalen verteidigen, finden sich die Witwen in der Ruhezeit zu kleineren bis großen Schwärmen zusammen.

Sperlinge sind überall zu Hause

Dieses ist eine Familie zumeist recht unscheinbarer Vögel, die weder mit bestechenden Farben, wallendem Gefieder, schönem Gesang noch besonderem Verhalten aufwarten können. Sie sollen mit den Webern und Witwen aber nicht nur gemeinsam behandelt werden, weil sie mit diesen nahe verwandt sind, sondern weil sie durchweg sehr intelligente Vögel sind, die es verstanden haben, sich in den unterschiedlichsten Lebensräumen in der Natur durchzusetzen.

Sperlinge sind überall zu Hause. Manche sind Bewohner von Wüsten und Halbwüsten, einige kommen in Steppen und Savannen vor, andere bevorzugen lichten

Wald als ihren Lebensraum. Darüber hinaus haben sich einige in Hochgebirgen angesiedelt. Das Kulturland schuf den Sperlingen weitere Lebensräume. Sie bevölkern die Felder, Plantagen, Parks und Gärten. Die größte Anpassung hat der Haussperling vollzogen. Er ist zum Stadtvogel geworden, der selbst in den Zentren der modernen Großstädte nicht fehlt. Durch den Menschen hat er eine Verbreitung gefunden wie kein anderer Vogel. Alle Erdteile hat er sich erobert.

Die große Anpassungsfähigkeit der Sperlinge zeigt sich auch in ihrer Ernährung und im Finden von Brutplätzen und Nistmaterial. Sperlinge können als Allesfresser bezeichnet werden. Neben Getreide- und Grassamen nehmen sie viele verschiedene Sämereien von Wildkräutern, Grünes, Knospen, Blüten, viele verschiedene Beeren und Früchte, Insekten, Spinnen und viele Abfälle menschlicher Speisen.

Während einige der Sperlinge auch jetzt noch freistehende Nester in Gebüsch und Gezweig der Bäume bauen, bedienen sich die meisten irgendwelcher Nisthilfen. Sie bauen in den Unterbau von Greifvogelhorsten und in den Nestern anderer großer Vögel, in Baumhöhlen, Felsspalten, unter Dächern, in Mauerlöchern und sogar in Erdhöhlen. Wo Gräser, Stroh, Fasern, Blätter und Reiser fehlen oder nicht ausreichen, werden auch Papier- und Stoffreste verarbeitet. Sie sind also richtige Tausendsassa, die Sperlinge.

Haltung und Pflege

Weber, Witwen und Sperlinge sind interessante Pfleglinge

Eine recht stattliche Anzahl von Webern, Witwen und Sperlingen wird ständig oder sporadisch im Zoohandel angeboten. Es sind zumeist farbenprächtige Vögel von großer Vitalität. Sie beeindrucken jeden Vogelliebhaber nicht nur durch ihre Farben, sondern auch dadurch, wie sie sich halten und benehmen. Diese Vögel zeigen ein hohes Maß an Intelligenz. Zwar sind sie anfangs scheu und dementsprechend wild in einem kleinen Bauer, in dem sie meistens beim Händler untergebracht sind, doch das gibt sich bei artgerechter Haltung und guter Pflege schnell. Sie zeigen sich sehr interessiert an ihrer nächsten Umgebung und untersuchen alles in ihrem Bauer oder in der Voliere. Aber auch die weitere Umgebung beobachten sie genau, besonders natürlich ihren Pfleger, dem gegenüber sie bald ihre Scheu ablegen. Natürlich bleiben einige auch späterhin reserviert und ziehen sich an das entgegengesetzte Ende der Voliere zurück, wenn wir uns nähern. Doch ich habe auch einige Vögel unter ihnen kennengelernt, die bald Leckerbissen wie Mehlwürmer aus der Hand nahmen. Dies alles hängt von der Art unseres Umgangs mit den Vögeln ab, aber auch von der Vogelart, vom Alter des Vogels, und damit von den Erfahrungen, die er mit unsereins gemacht hat. Fast alle der in diesem Buch behandelten Vögel werden als Wildfänge in unsere Pflege gelangen, nur ausnahmsweise mal als hier gezüchtete.
Bei der Haltung dieser Vögel ist noch eine Menge Neues zu beobachten und zu lernen. Sowohl in Fragen der Pflege und Zucht, wie über ihr Verhalten ist noch vieles mitzuteilen. Viel zu wenig wird in den Fachzeitschriften über Weber, Witwen und Sperlinge berichtet.

In Bauer und Zimmervoliere

Nur die kleinsten: Schnurrbärtchen, Schuppenköpfchen, Zwergweber, Atlaswitwen und Goldsperlinge etwa, können in einem Bauer von 1 m Länge, 50 cm Breite und 70 cm Höhe gehalten werden. Kleiner sollte ein Bauer nicht sein. In ihm haben die Vögel genügend Platz, ihre Flügel zu gebrauchen, es kann Gezweig eingebracht werden, das die Vögel für ihr Wohlbefinden unbedingt gebrauchen, und es können die verschiedensten Nistgelegenheiten angebracht werden, um Bruten zu ermöglichen.

Ein Bauer von genannter Größe läßt sich schon so konstruieren, daß es einen Mittelschieber bekommt, wie ich ihn schon in meinem Prachtfinkenband beschrieben und empfohlen habe. Die Vögel können dann auf der einen Seite ziemlich ungestört bleiben, während die andere gereinigt wird. Auch zum Herausfangen eines einzelnen Vogels kann dieser dank des Mittelschiebers von den anderen abgesondert werden. Das gibt weniger Beunruhigungen und damit zutraulichere Vögel.

Je größer und oft auch stürmischer die Webervögel sind, desto größer muß auch das Bauer sein. Für die größeren Arten, ferner für die Widavögel und Witwen mit langen Schwänzen ist das Bauer mindestens 150 × 60 × 100 cm zu bemessen. Geeigneter sind Volieren von 2 × 2 × 1 m und größer, vor allem für eine bunte Gesellschaft dieser Vögel. Viele von ihnen werden zur Brutzeit, also im Prachtkleid, zänkisch und sehr unruhig; sie können dann einander eher ausweichen.

In Vogelhaus und Gartenvoliere

Wer seinen Pfleglingen einen heizbaren Innenraum und eine daran angeschlossene Gartenvoliere bieten kann, besitzt ein ideales Heim für Weber, Witwen und Sperlinge. In nicht zu knapp bemessenen Volieren können diese Vögel ihr ganzes, interessantes und vielfältiges Verhaltensrepertoire zeigen. Da fast alle Weber, aber auch die meisten Witwen und Sperlinge außerordentlich robust sind, können sie trotz ihrer zumeist tropischen Herkunft sehr gut kühleres Wetter vertragen. Es ist darum möglich, die Vögel auch im Winter in die Gartenvoliere zu lassen. Sie müssen aber jederzeit die Möglichkeit haben, in die Innenvoliere zurückzukehren, die mit 10–15 °C mäßig warm gehalten werden sollte. Auch müssen sie dann die Nächte im Innenraum verbringen, was im Sommer nicht unbedingt notwendig ist.

Wie Bauer, Voliere, Vogelhaus und Gartenvoliere zum Wohle der Vögel und zur Freude des Besitzers beschaffen sein sollten, was beim Kauf zu beachten ist, und wie sie zweckmäßig selbst gebaut werden können, habe ich im Band „Prachtfinken" ausführlich dargelegt. Hier möchte ich mich nur mit den Fragen befassen, die bei der Unterbringung und Pflege der Weber, Witwen und Sperlinge auftauchen. Nur was mir an Neuerungen und Verbesserungen für die Vogelhaltung im allgemeinen bekannt geworden ist, soll hier Berücksichtigung finden.

So werden zum Beispiel die Vögel in der Gartenvoliere vor Katzen und Raubwild durch einen Weidezaun bestens geschützt, der als einfacher Draht in ca. ³/4 m Höhe und rund um die Oberfläche des Geheges gespannt wird. Ich habe diese Anlagen, die durch ihren Schwachstrom für Mensch und Tier ungefährlich sind, bei einigen Liebhabern gesehen. Die Katzen der Umgebung, die vorher die Vögel sehr beunruhigten und oft auf den Volieren saßen, mieden nach wenigen Schock-Berührungen mit dem Draht die Nähe der Anlagen völlig. Ein Volierenbesitzer ließ daraufhin den Strom meistens abgeschaltet. Der Respekt der Katzen hielt an.

Die Einrichtung der Webervoliere

Zweige und Äste verschiedenster Stärke sollten die Sitzgelegenheiten für die Vögel sein, auch in einem Bauer. Sie geben den Vögeln die verschiedensten Griffmöglichkeiten, was sehr zu ihrem Wohlbefinden beiträgt, besonders wenn einige der Zweige ziemlich senkrecht stehen. Auch nutzen sie an diesen Zweigen, vor allem wenn sie rauhe, harte Rinde haben, auf natürliche Weise ihre Krallen ab, die bei einigen Webern ganz besonders schnell wachsen. Das sind meistens Arten, die im Schilf und Hochgras leben. Ihnen geben wir ebenfalls Schilf, Bambus und Ginstergestrüpp in die Voliere. Wo es nicht möglich ist, diese in den Boden oder in Kübel zu pflanzen, werden sie bündelweise oder zwischen zwei Drahtgeflechtrahmen hineingegeben. Dafür werden zwei mit engem Maschendraht bespannte Holzrahmen ca. 40 cm übereinander auf 30 cm hohe Füße oder an eine Wand geschraubt. In diesem „Schilfdickicht" klettern die Vögel gern herum und weben auch ihre Nester zwischen die Halme.
Viele Weber brauchen lang herabhängende Zweige, an denen sie ihre Nester anknüpfen. Birkenzweige sind besonders begehrt. Sie sind elastisch und geben durch ihre vielen kleinen Seitenzweige guten Halt für einen Nestanfang. Manchmal sind es Dornenzweige, die gewünscht werden, weil die Vögel es aus ihrer Heimat gewohnt sind, in Akazien und anderem Dorngestrüpp zu bauen. Weißdorn ist in diesem Falle guter Ersatz dafür. Die einen brauchen also herabhängende Zweige, die anderen ein dichtes Gestrüpp, alles so natürlich wie möglich und wie aus den Beschreibungen der Brutgewohnheiten der einzelnen Arten hervorgeht.
Während die Weber ausnahmslos in Nestern brüten, die sie freihängend an Bäume, ins Gebüsch, ins Schilf oder ins niedrige Gras bauen, so bevorzugen die meisten Sperlinge Baumhöhlen, Felsspalten (Steinsperling), Nester anderer Vö-

gel, Hohlräume unter Dächern oder sogar Erdhöhlen (Schneesperlinge). Ihnen sind Nistkästen, geflochtene Körbchen, aus Steinplatten gefertigte Nischen und ähnliche Nisthilfen anzubieten.

Die kleineren Vögel können Futternäpfe bekommen, wie sie im Band „Prachtfinken" empfohlen und auch abgebildet sind. Die größeren Arten haben sowohl einen größeren Futterbedarf, wie auch meistens die Angewohnheit, viel Futter mit dem Schnabel herauszuwerfen. Für sie haben sich die Steingutnäpfe bewährt, die es für Meerschweinchen und Kaninchen in verschiedenen Größen gibt. Sie haben einen nach innen überstehenden oberen Rand, durch den das Verstreuen des Futters weitgehend verhindert wird.

Damit das Trinkwasser immer sauber bleibt, wird es in Trinkröhrchen geboten, die etwas erhöht am Bauer oder der Voliere angebracht werden. Für Volieren mit einem größeren Vogelbestand sind Tauben- und Hühnertränken geeignet, die bis zu mehrere Liter Wasser aufnehmen können und gegen Verschmutzung durch einen „Helm" ebenfalls gut geschützt sind. Nur aus einer schmalen Trinkrinne rundherum können die Vögel Wasser schöpfen. Es ist ihnen aber unmöglich, darin zu baden.

Auch die üblichen Badehäuschen reichen für die größeren Arten der Weber ebensowenig wie für die langschwänzigen Widavögel und Witwen. Diesen können flache Badeschalen aus Weichplastik der Größe 40 × 32 × 9 cm gegeben werden, wie sie vom Zoohandel angeboten werden. Auch die Plastik-Katzentoiletten können als Vogelbad verwendet werden. In diese Schalen sollten einige flache Steine hineingelegt werden, damit die Vögel guten Halt mit den Füßen haben. Sie können dann auch die beim Bad bevorzugte Wassertiefe selbst wählen, die bei den einzelnen Arten sehr unterschiedlich sein kann. Da fast alle Weber, Witwen und Sperlinge leidenschaftlich gern und meist mehrmals täglich baden, sollte öfter am Tag frisches Badewasser geboten werden.

Sperlinge nehmen auch gern Sandbäder. Wenn nicht ein ganzer Teil des Bauers oder der Voliere mit einer tiefen Sandschicht bedeckt werden kann, ist eine der erwähnten Badeschalen, bis oben hin mit feinem Sand gefüllt, zu bieten.

Ein Wort über die Beleuchtung der Bauer und Volieren für unsere Pfleglinge. Wie intensiv das Tageslicht und vor allem das Sonnenlicht ist und wieviel Anteil es am Wohlbefinden der Vögel hat, wissen die Liebhaber zu beurteilen, die ihre Vögel vom Frühling an in eine Gartenvoliere lassen können. Lebhaftigkeit, Sangeslust, Brutlust nehmen enorm zu, die Mauser wird schneller und leichter durchgestanden.

Für das lichtärmere Winterhalbjahr sollten wir daraus die Lehre ziehen, nicht mit Licht zu sparen. Dies muß derjenige, der seine Vögel ständig drinnen hält, das ganze Jahr über beherzigen. Stets brauchen die Vögel der Tropen 12–14 Stunden lang helle Beleuchtung. Nach meinen Erfahrungen ist eine Leuchtstofflampe von 20 Watt pro Quadratmeter Deckenfläche ausreichend. Dies sollte eine Normal- oder Warmton-weiße Röhre sein. Gro-Lux oder L-Fluora-Röhren strahlen längst nicht so hell und sollten höchstens zusätzlich als Infrarotspender eingesetzt werden. Sehr hell sind dagegen die seit 1973 erhältlichen „True-Lite"-Röhren aus Amerika, die das vollständige Spektrum des Tageslichtes, einschließlich der ultravioletten Strahlen abgeben sollen. Ich benutze sie seit längerer Zeit mit gutem Erfolg. Ihren etwas höheren Preis machen sie durch eine Lebensdauer von 24 000 Stunden wett. Es gibt sie auch gedreht, wodurch sie noch mehr Licht abgeben. Dann heißen sie zusätzlich „Power Twist". Sie sind im Zoohandel erhältlich. Ein Zuviel an Licht oder Strahlen ist auch nicht gut. So erhielt ich eine Anzahl von Leserbriefen, in denen über Entzündungen der Bindehäute durch zuviel Höhensonnen-Bestrahlung oder durch zu nahe Anbringung einer Ultra-Vitalux-Lampe berichtet wurde. Die empfohlenen Leuchtstofflampen dürfen ohne Schaden für die Vögel direkt in den Bauern und Volieren angebracht werden. Zur Heizung und zum Schutzraum ist zu sagen, daß beide vorhanden sein müssen, selbst wenn die gepflegten Vögel sehr „harte" Weber oder gar heimische Sperlinge und gebirgsbewohnende Schneefinken sind. Es gibt selbst im Sommer Tage und vor allem Nächte mit niedrigen Temperaturen, Sturm und Regen. Die Vögel sollten dann zumindest einen Schutzraum aufsuchen können, um ihr Gefieder trocknen und sich wärmen zu können. Im Frühjahr, Herbst und Winter ist es ganz selbstverständlich, daß die Vögel jederzeit einen mäßig geheizten Innenraum aufsuchen können. Das Argument, daß die Sperlinge und die Schneefinken bei Schnee und Frost auch in der freien Natur überleben, zählt nicht. Die Vögel draußen wissen für die Nacht geschützte Schlafplätze zu finden, und am Tage machen sie sich durch ausgedehnte Flüge bei der Futtersuche warm und halten sich dadurch in einer Kondition, die unsere Vögel mit ihrem beschränkten Flugraum nie erlangen. Wir können sie zwar fettfüttern, aber nicht so widerstandsfähig machen, wie die Natur es vermag. Und dennoch fallen viele den winterlichen Härten draußen zum Opfer.

Wer die Vögel in der Winterzeit nicht ins warme Haus holt oder ein Vogelhaus mit eingebauter Heizung besitzt, braucht es den Vögeln an Wärme nicht mangeln zu lassen. Es gibt die verschiedensten Möglichkeiten, kleine bis sehr große Innenvolieren praktisch und auch wirtschaftlich zu beheizen, und mit Hilfe von Thermostaten kann eine bestimmte Mindesttemperatur verhältnismäßig leicht eingehalten werden.

Verträgliche und unverträgliche Arten

Bei der Haltung von Webervögeln müssen wir besondere Maßstäbe gelten lassen, was Harmonie, Frieden und Ruhe in Bauer und Voliere betrifft. Sie sind viel stürmischer als fast alle anderen Vögel gleicher Größe, auch zänkischer. Doch es ist in den Kolonien der freilebenden Weber nicht anders. Sie leben oft sehr eng zusammen, sie streiten und jagen sich, bringen dabei aber ihre Nester zustande und ziehen Junge groß. Es gehört zur Lebensart dieser vitalen Vögel. Sie lärmen und zanken und bleiben doch eng beieinander, obwohl in den Savannen für jedes Paar Nistgelegenheiten in Abgeschiedenheit und Ruhe zu finden wären. Danach sollten wir uns etwas richten. Wer eine große Voliere mit Webermännchen besetzen möchte und keine Zucht anstrebt, kann von fast allen Arten einzelne oder mehrere Vögel vergesellschaften. Die Vögel zeigen sich dann friedlicher, singen und bauen viel.

Bei Zuchtabsichten sind die Männchen viel aggressiver. Sie brauchen nur ein Weibchen in der Voliere zu haben, dann jagen sie sich, daß uns angst und bange wird. Aber auch dann fliegen höchstens mal Federn. Zu Verletzungen kommt es so gut wie nie. Natürlich wird der Bruterfolg sehr in Frage gestellt. Eher gelingt dieser, wenn ein Männchen alleine mit 2–4 Weibchen untergebracht wird. In einer sehr großen Voliere können aber auch 2–3 Männchen sehr verschiedener Arten mit ihren Weibchen zusammen gehalten werden. Bei den Sperlingen, die allerdings nicht polygam leben, ist das ähnlich. Sie sind sozial und können zu mehreren verschiedenen, bei manchen auch gleichartigen Paaren zusammen gepflegt und gezüchtet werden. Die Witwen sind fast alle sehr friedlich. Sie stören die übrigen Bewohner der Voliere höchstens durch ihren rüttelnden Balzflug. Doch die anderen, auch kleinste Prachtfinken, gewöhnen sich schnell an dieses Verhalten.

Zu den verträglichsten der Weber, Witwen und Sperlinge möchte ich folgende zählen:

Schuppenköpfchen	Dominikanerwitwe	Strohwitwe
Dotterweber	Rotfuß-Atlaswitwe	Alle Paradieswitwen
Kapweber	Rotkopfweber	Kuckucksweber
Kardinalweber	Blutschnabelweber	Maronensperling
Feuerweber	Tahaweber	Kasperling
Oryxweber	(Napoleonweber)	
Flammenweber	Diademweber	
Samtwida	Königswitwe	

Alle genannten Arten können sehr gut miteinander wie mit Prachtfinken und anderen kleinen Vögeln in Gemeinschaft gepflegt werden. Es sollten aber nicht zu nahe verwandte Vögel, zum Beispiel mehrere Paare aus der Gattung der Feuerweber *(Euplectes)* in der gleichen Voliere gehalten werden. Die Männchen tragen recht ähnliche Gefieder mit viel Rot, sehen sich darum als Rivalen an, zumal sie auch in der Natur Reviere für sich beanspruchen und diese gegenüber anderen Männchen heftig verteidigen.

Die nächste Gruppe der Weber und Sperlinge kann mit etwa gleichgroßen oder größeren Vögeln anderer Arten und mit gleichartigen (wo das in der Artbeschreibung empfohlen wird) in Gemeinschaft gehalten und evtl. auch gezüchtet werden.

Schnurrbärtchen	Spekeweber	Hahnschweifwida
Siedelweber	Textorweber	Leierschwanzwida
Marmorspätzling	Jacksonweber	Braunrücken-Goldsperling
Schwarzkopfweber	Maskenweber	Goldsperling
Gilbweber	Genickbandweber	Feldsperling
Zwergweber	Bojerweber	Haussperling
Alektoweber	Kurzflügelweber	Gelbbauchsperling
Büffelweber	Cabanisweber	Rostsperling
Starweber	Bayaweber	Grausperling
Weißstirnweber	Bengalenweber	Steinsperling
Scharlachweber	Manyarweber	Schneefink
Baglafechtweber	Schildwida	
Mohrenweber	Gelbschulterwida	

Dann sind auch einige Arten als sehr unverträglich zu bezeichnen. Sie können höchstens außerhalb der Brutzeit mit etwa gleichgroßen Vögeln vergesellschaftet werden. Aber auch dann ist aufmerksames Beobachten notwendig. Wenn in Brutstimmung, greifen diese Männchen selbst größere Vögel an. Sie sind dann paarweise oder mit mehreren Weibchen in einer Voliere für sich zu halten. Daß auch sie sehr interessante und dankbare Pfleglinge sein können, ist selbstverständlich. Sie zeigen eben nur einen größeren Revieranspruch als andere. Es sind:

Maronenweber	Goldrückenweber	Gelbkehlsperling
Goldweber	Spiegelwida	
Madagaskarweber	Stummelwida	

Vielfach werden Weber in Volieren mit Ziergeflügel wie Fasanen, Wachteln, Zierenten gehalten, oder mit anderen größeren und verträglichen Vögeln. Das geht erfahrungsgemäß in den meisten Fällen sehr gut. Oft wird eine Voliere erst dann richtig belebt und ausgenutzt, wenn neben den Bodenvögeln auch eine kleine Gruppe oder ein Pärchen der zumeist farbenprächtigen Nestbaukünstler gepflegt wird.

Was zur Pflege notwendig ist

Die täglichen, wöchentlichen, monatlichen und vierteljährlichen Pflegearbeiten sind die gleichen, wie im Band „Prachtfinken" beschrieben. Der dort aufgestellte Arbeitsplan ist für die Weber und ihre Verwandten voll gültig. Da die Weber viel Futter aufnehmen und auch viel davon aus den Näpfen werfen, ferner schnell Unordnung schaffen, indem sie überall Nistmaterial verstreuen, Blätter von Zweigen abreißen, Grünes und Früchte abbeißen und dann oft fallenlassen, ist eine ordnende Hand wohl noch öfter notwendig.

Gefüttert wird am besten täglich morgens, besonders wenn Keimfutter, Grünes, Obst und Weichfutter gereicht werden. Dieses sind Futtermittel, die einerseits für eine ausgewogene Ernährung unerläßlich sind, andererseits aber auch schnell verderben können. Darum sollen sie täglich frisch morgens gegeben werden, die Reste sind am Abend zu entfernen. Ebenso wichtig ist, daß das Geschirr der verderblichen Futterstoffe, wie auch Trink- und Badegefäße, täglich sorgfältig ausgewaschen werden. Zu leicht kann es sonst zu Fäulnis und Krankheitskeimen kommen.

Nur große Gefäße mit ganz flachem Rand eignen sich für Keimfutter, Weichfutter und Obst, da in Näpfen mit normalhohem Rand wegen Frischluftmangel schon nach wenigen Stunden Fäulnis eintritt. Sehr geeignet sind Deckel von Einmachgläsern, die es in allen Größen gibt. Darauf wird das Futter in dünner Schicht locker ausgebreitet.

Der Boden von Bauern und Innenvolieren wird am besten mit einer nicht zu dünnen Schicht Sand bedeckt. Auch in Gartenvolieren sollte der größte Teil des Bodens aus Sand bestehen. Bei einem nicht zu großen Vogelbestand können Kot und andere Verschmutzungen mehrmals herausgeharkt werden, bevor der Sand erneuert werden muß.

Erdreich kann für die Vögel gefährlich werden, wenn es ständig in der Voliere bleibt. Es reichert sich mit Krankheitserregern an, die immer wieder von den Vögeln aufgenommen werden. Darum muß der Volierenboden täglich abgefegt oder abgeharkt werden. Außerdem soll die Erde zweimal jährlich spatentief erneuert werden.

Krankheiten und ihre Behandlung

Augenentzündungen können durch Zugluft oder durch zu starkes Rauchen entstehen. Auch wenn Höhensonnen oder Ultra-Vitalux-Lampen zu dicht oder zu lange eingesetzt werden, kommt es leicht zu Augenentzündungen. Die Bindehäute schwellen an, die Augen tränen. Borwasser oder Kamillentee zum Ausspülen nehmen. Aureomycin- oder Terramycin-Augensalben (verschreibungspflichtig) sind bei schweren Infektionen notwendig.

Biß- und Platzwunden heilen meistens von selbst sehr gut. Auf Wunden, die heftig bluten, etwa bei abgerissenen Krallen der Zehen, wird Eisenchloridwatte gehalten, bis die Blutung gestillt ist.

Durchfall kann durch Erkältung, verdorbenes Futter, vor allem aber durch bakterielle Ansteckung auftreten. Besonders frisch importierte Vögel tragen Erreger von Darmkrankheiten, die zu Durchfall, Schwächung und sogar zum Tod führen können. In leichten Fällen hilft der Zusatz von Avicultin zum Trinkwasser. Ferner sollte die Raumtemperatur erhöht werden, oder der kranke Vogel in einem Teil seines Bauers infrarot-bestrahlt werden. Bei Ansteckungsgefahr und in schweren Fällen wird man einen Tierarzt zu Rate ziehen, und verschreibungspflichtige Sulfonamide oder Antibiotika, etwa Terramycin-Hen, sollten nach Vorschrift des Tierarztes verabreicht werden.

Entzündete Füße kommen bei manchen Webern in der Eingewöhnungszeit recht häufig vor, besonders wenn sie nicht Naturzweige, sondern harte Sitzstangen und nicht optimale Sauberkeit vorfinden. Verkrustungen werden mit lauwarmem Kamillenbad gelöst, die entzündeten Stellen mit Penicillin-Puder bestreut oder mit Perubalsam eingerieben. In letzterem Falle ist auf Sand und Erde als Bodengrund zu verzichten, dafür Fließpapier zu verwenden.

Erkältungen sind auf Zugluft, starke Temperaturschwankungen, längere Durchnässung bei Regen zurückzuführen. Häufig treten andere Erkrankungen im Gefolge von Erkältungen auf. Darum sind bei ersten Anzeichen einer Erkältung, wie Niesen und Schnupfen, Infrarotbestrahlung und Antibiotika im Trinkwasser zu geben.

Federlinge leben von abgestoßenen Hautschuppen und Federteilchen im Untergefieder. Dort legen sie auch ihre Eipakete an Federschäften ab. Dem Vogel bereiten sie eigentlich nur Juckreiz, doch können sie auch Überträger verschiedener Krankheiten sein. Behandlung erfolgt durch Milbentod-Pulver, das vorsichtig ins Gefieder gestäubt wird. Der Kopf des Vogels wird dabei mit einer Hand schützend bedeckt, damit Augen und Schnabel nicht bestäubt werden, wenn das Mittel auch unschädlich ist. Vögel, die ständig oder überwiegend in Innenräumen leben,

26

werden die Federlinge auch durch Anbringen von Mafu-Strips los (siehe auch Rote Vogelmilben).

Grabmilben können zu Kahlköpfigkeit und zu Schnabelhorn-Wucherungen führen. Sie kommen unter Sperlingen und einigen Webervögeln vor. Direkte Behandlung geschieht mit unverdünntem Odylen, das alle 4 Tage dünn auf die befallenen Stellen aufgetragen wird. Die Behandlung ist etwa 3–4 Wochen lang durchzuführen. Auch dünnes Einreiben mit Vaseline hilft, die die Bohrgänge der Milben schließt, so daß sie ersticken oder selbst mit Vaseline umgeben werden. Die Federn wachsen zumeist erst nach der nächsten Mauser nach, da die Federn ja nicht herausgerissen oder ausgefallen, sondern am Wurzelteil nur abgeknabbert sind.

Knochenbrüche kommen sehr selten vor, meistens bei einer Panik in der nachts vollkommen dunklen Voliere. Es sollte immer ein schwaches Licht eingeschaltet sein, damit die Vögel sich zurechtfinden. Auch bei zu heftigem Schlagfangen von Vögeln mit dem Kescher kommt es leicht zu Flügel- und Beinbrüchen. Sehr herabhängende Flügel werden mit Leukoplast, Tesaband oder einer Gazebinde in die richtige Lage fixiert. Ist ein Lauf gebrochen, kann er mit Plastik-Trinkhalmen, die der Länge nach aufgeschnitten werden, geschient werden. Drumherum wird Tesaband oder Garn gewickelt, letzteres mit Uhu bestrichen, damit der Vogel die Bindung nicht lösen kann. Ein Vogel mit Knochenbruch sollte ca. 3 Wochen in einem sehr kleinen Bauer ohne Sitzstangen und mit ganz flachen Futter- und Trinknäpfen untergebracht werden. Knochenbrüche verheilen schnell, selten jedoch so korrekt, daß der Vogel danach völlig unbehindert ist. Sein Flug- bzw. Hüpfvermögen wird vielmehr beeinträchtigt bleiben, womit sich der Vogel aber meistens gut abfindet.

Kokzidiose ist eine recht häufige Ursache für seuchenhafte Erkrankungen mit hohen Verlusten. Besonders wer eine Gartenvoliere übersetzt und sie nicht peinlich sauber hält, kann im Sommer einen Ausbruch dieser Krankheit erleben. Manchmal kommt es zu ganz plötzlichen Todesfällen unter den Vögeln, häufiger werden sie innerhalb einer Woche immer schwächer. Sie sitzen aufgeplustert, haben Durchfall und magern schnell ab. Sulfonamide oder Furazolidon, dem Trinkwasser eine Woche lang zugesetzt, helfen gut.

Krämpfe treten sehr selten bei zu einseitiger, vitaminarmer Ernährung auf. Zuerst zeigen sich Trägheit, Gleichgewichtsstörungen und Taumelsucht. Bei rechtzeitiger Verabreichung des Vitamin-B-Komplexes „Polyvital" und/oder des Vitamin-E-Präparats „E-Mulsin" kann Heilung erzielt werden. Bei Mangel an B-Vitaminen wird Beinschwäche und ein häufiges Zurücklegen des Kopfes festgestellt, während bei Mangel an Vitamin E der Kopf nach vorn seitwärts absackt.

Krallen- und Schnabelwucherung tritt besonders bei Webervögeln auf, die vor allem in Schilf- und Hochgrasbeständen leben. Dort schleifen sich die Krallen und das Schnabelhorn an den oft rauhen Stengeln von selbst ab. In Bauer und Voliere kann mit Schilfstengeln, vor allem aber mit rauhen Steinen wie Bimsstein, Schamotteplatten und Mörtelstücken als Anflugplatz vor Trink- und Futternäpfen ein natürliches Abnutzen der Krallen erreicht werden. In manchen Fällen wird ein regelmäßiges Zurückschneiden der Krallen und der Oberschnabelspitze unumgänglich sein. Eine scharfe Schere oder eine Nagelzange ist dafür geeignet. Vorsicht ist geboten, damit die (gegen Licht sichtbaren) Blutgefäße nicht verletzt werden. Kommt es zu Blutungen, wird Eisenchloridwatte auf die Stelle gehalten.

Legenot ist bei Webern, Witwen und Sperlingen kaum bemerkt worden. Sitzt ein Weibchen plötzlich aufgeplustert und fast flugunfähig auf dem Boden, besteht Verdacht auf Legenot. Besonders bei plötzlichen Temperaturstürzen kommt es zu Legenot. Dann wird der Vogel in einen warmen Raum gebracht, die Kloake mit etwas lauwarmem Tafelöl eingerieben und Infrarot-Bestrahlung vorgenommen, bei der die Temperatur im Krankenbauer ca. 34 °C betragen sollte. Der Vogel kann auch in feuchtwarme Tücher gewickelt werden. Meistens tritt das Ei innerhalb einer Stunde aus.

Mauserschwierigkeiten treten selten auf, wenn der Vogel eine vitamin- und eiweißreiche Nahrung sowie alle notwendigen Mineralstoffe und Spurenelemente erhält. Wichtig sind außerdem Licht, nach Möglichkeit Sonnenlicht, ferner viel Bewegungsfreiheit. Sind all diese oder einige der genannten Voraussetzungen nicht erfüllt, kann es zu einer „Stockmauser" kommen, so daß der Vogel nicht innerhalb 4–6 Wochen sein Federkleid erneuert, sondern mehrere Monate dazu braucht oder ständig in der Mauser steckenbleibt. Die im Ernährungskapitel genannten Vitamine, Mineralstoffe und Spurenelemente sind in erhöhter Dosierung zu reichen, ferner viel Grünes, geschabte Möhren, Obst und auch gehaltvolle Lebendfutter wie Ameisenpuppen und Blattläuse.

Ornithose wird durch den Erreger *Bedsonia ornithosis* ausgelöst, der sich bei zu enger und schmutziger Haltung von Vögeln sehr schnell vermehren kann, so daß oft ganze Bestände seuchenartig erkranken. Häufig macht sich zuerst Schnupfen bemerkbar. Es kommt zu Lungenentzündungen, Schläfrigkeit, Abmagerung, Durchfall, doch sind einheitliche Symptome nicht Notwendigkeit. Ein Tierarzt ist zu rufen, der durch Untersuchungen des Kotes oder verendeter Vögel Ornithoseerreger feststellen kann. Eine Behandlung mit Antibiotika ist unerläßlich, da die Ornithose auch auf den Menschen übertragbar ist. Die Psittakose, eine auf Papageienvögel beschränkte Form der Ornithose hat unter Menschen schon viele Todesopfer gefordert.

Paratyphus siehe Salmonellose.

Rote Vogelmilben und andere Milben können in jedem Vogelbestand vorkommen und durch hinzugekaufte Vögel und durch freilebende Vögel, die sich auf Gartenvolieren setzen, jederzeit eingeschleppt werden. Wer seine Vögel ständig oder überwiegend in Innenvolieren oder Bauern hält, kann heute alle Milben, aber auch Federlinge, Zecken usw. sehr gut durch Mafu-Strips (Bayer) vernichten. Diese Strips werden in der vorgeschriebenen Größe oder Anzahl in den Räumen aufgehängt, in denen sich die Vögel befinden. Die Strips sind 3–4 Monate wirksam, indem sie einen gasförmigen Wirkstoff abgeben. Dieser ist für die Vögel, auch für Junge und Embryonen in den Eiern nicht schädlich, wie ich selbst nach längerer Anwendung sagen kann. In Gartenvolieren können Sprühmittel wie „404", „Ungezi-X", „Milbentod" und ähnliche Mittel verwendet werden.

Salmonellose wird durch Bakterien ausgelöst, die sich ungeheuer schnell vermehren können und durch ihre eigene Giftigkeit für den Vogel dessen Tod innerhalb einiger Stunden herbeiführen können. Die Übertragung erfolgt durch hinzugekaufte Vögel, durch Ratten, Mäuse, Tauben, Sperlinge, sogar durch Fliegen. Hauptsächlich werden die Überträger durch deren Kot in die Gartenvoliere eingeschleppt. Besonders im Spätsommer kann es durch Wärme, Unsauberkeit und vergrößerten Vogelbestand durch Nachzuchten zu seuchenartigen Ausbrüchen der Salmonellose kommen. Die Vögel, die nicht schnell eingehen, sitzen aufgeplustert, haben Fieber, Durchfall, oft auch Atemnot. Besonders Jungvögel werden betroffen. Nur schnelle Verabreichung von Furazolidon, Antibiotika oder Sulfonamiden kann helfen.

Würmer treten bei Webern, Witwen und Sperlingen recht selten auf, können bei Haltung in einer Gartenvoliere allerdings gefährlich werden. Es handelt sich fast immer um Spulwürmer, die sehr gut mit Piperazin bekämpft werden können.

Richtige Ernährung

Das Hauptfutter

Weber, Witwen und Sperlinge nehmen, bis auf wenige Ausnahmen, in freier Natur überwiegend mehlhaltige Sämereien auf, vor allem Grassamen. Wo sie auf Kulturland kommen, zeigen sie Vorliebe für Hirse, Glanz, Getreide und Reis. Diese Samen wollen wir ihnen als Hauptfutter anbieten.
Die kleinen Vogelarten nehmen gern Senegal-, Manna(Mohair)-, Plata- und Japanhirse, die größeren bevorzugen Silberhirse und Glanz. Fast alle mögen auch Kolbenhirse, und zwar weil sie diese auf ihnen gewohnte, natürliche Weise aus den Rispen klauben können. Für die größten der Weber, aber auch für einige Sperlinge sind Weizen, Hafer und Reis Lieblingsnahrung. Diesen Vögeln sind neben Weizen geschälter Hafer, Nackthafer und Paddy-Reis zu geben.
Im Sommer sind Hafer und Weizen „in Milch", also kurz vor der Reife zu geben, die von den größeren Arten reißend gern genommen werden.

Keimfutter einfach zubereitet

In der Natur nehmen die Vögel für lange Zeit im Jahr halbreife Sämereien auf. Diese können wir ihnen nie oder nur sehr kurze Zeit bieten. Als Ersatz reichen wir gekeimtes Futter. Es gibt viele Methoden, das Körnerfutter zu keimen. Bei manchen ist die Gefahr des Faulens sehr groß. Am besten hat sich folgende Methode bewährt: Ein Plastiksieb wird mit Keimgut gefüllt, in einen passenden Plastikeimer gehängt und dieser mit Wasser gefüllt. Das Keimgut muß mit Wasser bedeckt sein! Nach 24 Stunden wird mit Wasser gründlich durchgespült und nur so viel Wasser im Eimer gelassen, daß das Sieb nicht mehr ins Wasser hängt. Eine Glas- oder Plastikscheibe wird auf das Sieb gelegt, damit das Keimgut von oben nicht abtrocknen kann. Nach weiteren 24 Stunden sind die weißen Spitzen der Keime sichtbar. Jetzt ist das Keimgut am gehaltvollsten und kann verfüttert werden. Ein Durchspülen ist nicht mehr nötig (wie ich in meinem Prachtfinkenbuch noch empfohlen habe). Durch zu häufiges Durchspülen könnten zu viele Vitamine verlorengehen. Wird das Keimgut in der Küche zubereitet, also bei ständiger Zimmertemperatur, ist es innerhalb zwei Tagen fertig. Es sind also nur zwei Siebe und Plastiktöpfe notwendig.

An Keimgut wird für kleine Vogelarten je ein Teil Senegal-, Manna-, Plata- und Silberhirse und Glanz genommen. Für größere Arten empfiehlt sich je ein Teil Platahirse, Silberhirse, Glanz, Weizen und Nackthafer. Ist Nackthafer nicht erhältlich, kann er durch geschälten Hafer und/oder Paddy-Reis ersetzt weren. Beide keimen zwar nicht, werden aber gequellt und damit weicher und besser verdaulich.

Grünfutter und Futterpflanzen

An Grünfutter nehmen die Weber, Witwen und Sperlinge gern Vogelmiere, Spinat und Salat. Im Winter können sie Salat, Hirse, Gras und Kresse bekommen, die in flachen Blumentöpfen oder in Blumentopf-Untersetzern gezogen werden. Das geht auf Laubwalderde sehr gut. Damit die Pflänzchen nach dem Keimen gut wachsen, sollten die Töpfe ca. 30 cm unter eine True-Lite-, Gro-Lux- oder L-Fluora-Leuchtstofflampe (Röhre) gestellt werden.

Statt Grünzeug oder zusätzlich kann man Obst wie Äpfel, Birnen, Orangen, Bananen, Weintrauben, auch zerschnittene Rosinen, Datteln und Feigen, ferner Gurkenscheiben und geschabte Möhren reichen.

An Futterpflanzen werden die verschiedenen Gräser mit reifenden Samen, ferner Sauerampfer, Breitwegerich, Hirtentäschel und viele andere Pflanzen gern genommen (siehe Literaturverzeichnis).

Blattknospen werden von den meisten Arten leidenschaftlich gern von Laubbaumzweigen geklaubt, ein sehr guter Ersatz für das im Vorfrühling fehlende Grün. Die Zweige können in der warmen Wohnung vor dem Verabreichen zum Knospentreiben gebracht werden.

Tierische Nahrung

Die meisten Weber, Witwen und Sperlinge nehmen außerhalb der Brutzeit nur wenig tierische Nahrung auf, füttern ihre Jungen aber überwiegend mit Insekten. Einige waldbewohnende Arten ernähren sich fast ausschließlich von Insekten, während auch einige der Savannenbewohner keine tierische Nahrung aufnehmen und selbst ihre Jungen mit Sämereien und Grünem aufziehen. Hinweise zur richtigen Ernährung mit Tierischem sind bei den Artbeschreibungen zu finden.

Ein leicht zu erhaltendes und leicht zu züchtendes Futtertier ist die Mehlkäfer-larve, allgemein Mehlwurm genannt. Mehlwürmer werden von fast allen Arten gern genommen. Sie sollten jedoch nur frisch gehäutet, also weiß und weich, in größerer Zahl verfüttert werden, da die dicke, feste Chitinhülle eine zu starke Belastung für den Vogelorganismus sein kann. Im Gegensatz zu den meisten Prachtfinken, die die Mehlwürmer nur auskauen und die harten Hüllen wegwerfen, verschlingen die Weber die Mehlwürmer ganz. Sind nicht genügend weiße Mehlwürmer vorhanden, können harte mit kochendem Wasser überbrüht und zerschnitten gereicht werden.

Getreideschimmelkäferlarven sind nur für die kleineren Arten geeignetes Futter. Sie lassen sich leicht züchten und sind ein sehr gutes Aufzuchtfutter für frisch geschlüpfte Junge. Zuchtansätze werden häufig in Fachzeitschriften (s. Seite 152) angeboten.

Fliegenmaden sind ein sehr gutes Futter, das von einigen Arten bevorzugt genommen wird. Die Zucht ist nicht schwer, sollte aber nur von Vogelliebhabern mit eigenem Garten betrieben werden, da sie nicht ganz ohne Geruchsbildung verläuft. Es gibt aber auch sauberere, geruchsfreie Fliegenmaden in Anglergeschäften (als Köder) zu kaufen.

Wachsmottenlarven gibt es in zwei Größen. Sie in großer Zahl zu züchten ist nicht schwer, wenn von einem Imker ausgediente Bienenwaben erworben werden können. Wachsmottenlarven sind gutes Futter, allerdings etwas fett.

Ameisenpuppen zu beschaffen, wird längst nicht jedem Liebhaber möglich sein, zumal nur die der kleineren Rasenameisen gesammelt werden dürfen. Im Fachhandel werden tiefgefrorene Ameisenpuppen angeboten, die ein ausgezeichnetes Lebendfutter sind. Es ist allerdings peinlich darauf zu achten, daß sie beim Kauf wie bei der Lagerung stets tiefgefroren bleiben. Sonst können sie verderben und schwere Verluste unter den Vögeln bewirken.

Heimchen sind Grillen, die eine beachtliche Größe erreichen. Sie zu züchten ist nicht schwer. Kleine bis mittelgroße Larven können sehr gut verfüttert werden. Da dieses Insekt keine vollständige Metamorphose durchmacht, sehen auch schon die Larven wie kleine Grillen aus, haben Beine und können flink laufen. Sie werden darum in einer Plastikschale (wie Katzentoilette) mit etwas Sand und Torfmull in die Voliere gestellt. Die Vögel nehmen sie begierig auf. Heimchenzuchten werden in Fachzeitschriften angeboten.

Wiesenplankton ist hervorragendes Lebendfutter. Es sind allerlei kleine bis mittelgroße Insekten und Spinnen, die mit einem Kescher vom Gras auf Wiesen, an Feld-, Weg- und Grabenrändern abgestreift werden. Darunter sind auch kleine Heuschrecken, die ebenfalls gern genommen werden. Diese fliegenden und hüpfenden Tierchen können natürlich nur in einer völlig dichten Vitrine, einer Vogelstube oder mit Fliegengaze bespannten Zimmervoliere verabreicht werden. In Gartenvolieren können am Tage Fliegen durch einen für die Vögel unerreichbaren Köder angelockt werden, nachts Motten, Schnaken und andere Insekten durch eine Glühbirne. Die Vögel sammeln oder fangen die Tiere geschickt ein. Als Ersatz für lebende Nahrung dient ein gutes Weichfutter, das es entsprechend der Größe der Vögel in gröberen oder feineren Mischungen gibt. Oft wird dieses Futter erst angenommen, wenn es mit hartgekochtem, fein zerdrücktem Ei, mit geschabter Möhre und geschabtem, gekochtem Rinderherz vermischt wird. Wertvolle Zusätze, die zwar nicht tierische Proteine enthalten, darfür aber reich an pflanzlichem Eiweiß sind, finden wir in Form von Sojamehl, Hafermehl, Weizenkeimen und Weizenkleie. Ferner sind die hochwertigen Babynährmittel und Traubenzucker als Zusätze zum Weichfutter zu empfehlen.

Vitamine, Mineralstoffe und Spurenelemente

Werden Grünes, Obst und Früchte in ausreichender Menge und täglich frisch geboten, ferner Keimfutter, werden zusätzliche Gaben an Vitaminen kaum nötig sein. Es gibt aber Streßsituationen wie die Mauser, Krankheit und zu kühle Unterbringung im Winter, in denen zusätzliche Gaben von Vitaminen angebracht erscheinen. Besonders die zweimalige Mauser im Jahr mit der Herausbildung leuchtender Farben verlangt vielen Webern alle Reserven ab. Dann ist es gut, wenn ein Vitaminpräparat mit Farbstoffen, Aminosäuren, Mineralstoffen und Spurenelementen in kleinen Gaben, aber regelmäßig verabfolgt werden kann. „Federvit" der Fa. K. Claus, 6703 Limburgerhof, ist ein solches Präparat mit hervorragenden Eigenschaften. Ein sehr gutes Vitamin-Spurenelement-Konzentrat „SV-100" hat die Fa. Vigor Pharmachemie GmbH, 4152 Kempen-2 Hüls, herausgebracht. Schließlich sei noch das „Vitamin-Mineralsalzkonzentrat Rentschler für Geflügel" genannt, das die Fa. Mérieux-Rentschler GmbH, 7958 Laupheim, herstellt. Letzteres wird nur in 5-kg-Packungen abgegeben, was nur für Vogelliebhaber-Vereine diskutabel, dann aber auch sehr preiswert ist. Schließlich sei noch „Vitalino-forte" der Fa. Vitakraft, 28 Bremen, genannt, das es in Flaschen von 10–500 ml gibt, also für den Liebhaber mit wenigen Vögeln wie für den Züchter mit großen Vogelbeständen.
Die genannten Vitaminpräparate sind am besten mit dem Weichfutter zu geben, können aber auch dem Körnerfutter zugesetzt werden, oder dem Obst. Sie alle enthalten die notwendigen Mineralstoffe und Spurenelemente. Dennoch sollten

Vitakalk, Vogelgrit, Sepiaschale, zerstoßene Schalen gekochter Hühnereier den Vögeln jederzeit zur freien Verfügung stehen.

Das Trink- und Badewasser

Beides ist den Vögeln täglich frisch zu reichen, an warmen Tagen möglichst zweimal. Badewasser sollte sofort nach Verschmutzung erneuert werden. Webervögel baden meistens leidenschaftlich gern, und zwar mehrmals täglich. Alles gereichte Wasser sollte abgekocht sein, zumindest abgestanden, damit das Chlor entweichen kann.

Die Zucht

Voraussetzungen für die Weberzucht

Weber brauchen zum einen viel Flugraum, zum anderen Ecken mit dichter Bepflanzung oder mit überhängenden Zweigen, je nach den bevorzugten Brutplätzen in der Natur. Die Zuchtvoliere sollte so groß wie möglich sein und eine ruhige Lage haben. Nur ganz wenige Weber haben in einem größeren Bauer erfolgreich gebrütet. Und selbst in einer Voliere sind Zuchterfolge immer noch äußerst selten.

Neben der natürlichen Ausstattung der Voliere mit passendem Gezweig, Röhricht usw. ist auch deren Besetzung von entscheidender Bedeutung. Sind in der Voliere eine Anzahl verschiedener Vogelpaare untergebracht, werden die auftretenden Störungen fast immer einen Erfolg verhindern. Wenn möglich, ist ein Pärchen oder ein Männchen mit 2–4 Weibchen in die Voliere zu setzen, je nachdem, ob sie polygam sind oder nicht. Nur in sehr großen Volieren können von manchen Arten zwei Männchen mit den entsprechenden Weibchen zusammmen zur Zucht angesetzt werden.

Die Männchen sind in Brutstimmung sehr unruhig, oft auch streitlustig. Nester werden angefangen, häufig aber nicht fertiggestellt. Ist alles gut verlaufen, ein oder mehrere Nester gebaut worden, hat das Weibchen eines davon bezogen, Eier gelegt und zu brüten begonnen, dann bewirkt der zu starke Trieb des Männchens oft das Ende der Brut. Das Weibchen wird angebalzt, aus dem Nest gejagt, das Nest zerrissen und das Nistmaterial für einen neuen Nestbau genommen. In solchen Situationen ist es gut, weitere Weibchen in der Voliere zu haben, damit ein brütendes Ruhe haben kann. In manchen Fällen ist es auch von Vorteil, das Männchen in einer Nachbarvoliere, oder gar außer Sicht- und Hörweite des Weibchens unterzubringen, da dieses bei den meisten Webern ohnehin alleine brütet und die Jungen aufzieht. Bei einigen Webern verlassen die Männchen auch in der Natur die Brutkolonien, sobald die Weibchen zu brüten beginnen.

Wichtig ist äußerste Ruhe von seiten des Pflegers. Störungen werden von manchen Arten zwar nicht übelgenommen, die Weibchen brüten oft sehr fest, doch bei der Mehrzahl der Weber haben zu häufiges Saubermachen und vor allem Nestkontrollen das Verlassen des Geleges oder der Jungen zur Folge. Da für die

Zucht ohnehin wenige Vögel auf recht großer Fläche leben, sollte das Saubermachen für die Zeit der Brut und Jungenaufzucht unterbleiben.

Voraussetzungen für die Zucht von Bartstrichwebern und Sperlingen

Wenn es auch leichter ist, den beiden Bartstrichwebern Schnurrbärtchen und Schuppenköpfchen sowie den Sperlingen das große Bauer oder die Voliere nach ihrem Geschmack einzurichten, gelingt eine Zucht auch bei diesen Vögeln ziemlich selten. Gezweig und Verstecke sollten vorhanden sein, vor allem aber Nistkästen verschiedener Ausführung und auch Nistkörbchen mit Dach. Dort hinein bauen diese Arten ihr oft recht umfangreiches und liederliches Nest. Der Nistplatz wird von den meisten Sperlingen nicht allzu heftig verteidigt, so daß sie mit anderen Arten oder gar mit weiteren Paaren der eigenen Art eine Voliere bewohnen können. Sie sind allerdings frech genug, die Nester anderer Paare zu zerstören, um das Nistmaterial für sich zu benutzen. Von den beiden Bartstrichwebern läßt sich das Schuppenköpfchen recht gut in einer größeren Voliere in Gesellschaft anderer Vögel züchten, das Schnurrbärtchen jedoch meistens nicht. Es wird dann außerordentlich aggressiv und jagt alle anderen Bewohner der Voliere umher.

Voraussetzungen für die Zucht von Witwen durch ihre Brutwirte

Eine größere Voliere ist für diese reizvolle Aufgabe unerläßlich, denn zumeist werden mehrere Paare der Prachtfinkenart notwendig sein, die als Brutwirt für die auserkorene Witwenart dienen kannn. Ein Witwenmännchen mit 2–4 Weibchen kommt noch hinzu. Sehr erschwerend ist, daß die Brutwirtarten keine nahen Verwandten oder Vögel der gleichen Art in ihrer Nähe dulden. Neben viel freiem Flugraum, den besonders die Witwenmännchen brauchen, sind dichtes Gebüsch und Verstecke notwendig. Sie bieten den Prachtfinken sowohl Zuflucht vor den rüttelnden Balzflugattacken der Witwenmännchen wie auch Nistplätze. Nur die wenigsten Prachtfinken, die als Brutwirte für Witwen dienen, brüten in Nistkästen oder Körbchen. Die meisten bauen freistehende Nester in sehr versteckte Plätze. Diese zu schaffen und den Wirtsvögeln eine optimale Ernährung mit Lebendfutter zur Aufzucht der Jungen zu bieten, sind die wichtigsten Punkte zum Gelingen einer Brut. Die Witwen legen schon rechtzeitig ihre Eier in die Nester der Prachtfinken.

Am leichtesten gelingt die Zucht der Rotfüßigen Atlaswitwe durch den Amaranten. Alle anderen Zuchten sind weit schwieriger. Größere Erfahrung in der Haltung und Zucht von Prachtfinken ist unerläßlich (siehe mein Buch „Prachtfinken").

Nistgelegenheiten, Nistmaterial und Nestbau

Die Nistgelegenheiten für Webervögel sind je nach Art biegsames Gezweig, an das gut ein Nest angehängt werden kann, Dorngesträuch oder anderes dichtes Gestrüpp zum Hineinbauen eines Nestes, Ginster, Schilf, Bambus oder hohe, feste Gräser, zwischen deren Halme ein Nest aufgehängt werden kann.

Für Bartstrichweber und Sperlinge sind Nistkästen sehr verschiedener Größe, halboffene und solche mit Einschlupfloch von 4–6 cm Durchmesser geeignet. Dem Steinsperling sollte eine Höhle aus Mauersteinen oder Felsplatten gebaut werden. Diese Felshöhlen werden manchmal auch von anderen Sperlingen und vom Schneefinken bevorzugt.

An Nistmaterial sind von Kokosfasern und Sisalfasern alle möglichen Gräser, Grasblätter und Schilfblätter zu bieten. Während die Sperlinge meistens mit den genannten Fasern und mit weichen, trockenen Gräsern vorlieb nehmen, wollen Weber meistens grüne Gräser. Manche Arten bevorzugen ganze Grashalme mitsamt Rispen, oft sogar recht harte Gräser. Andere nehmen nur weiche, zarte Grasblätter oder sie reißen Streifen von Gras- oder Schilfblättern ab, wie sie es in der Natur häufig mit Palmblättern machen. Stroh und trockenes Gras wird von einigen gern genommen, andere bauen einen Unterbau aus Reisern. Die Innenausstattung des Nestes wird mit zarten Fasern, Grasrispen, Moos, mit Haaren und Federn vorgenommen, je nach Art. Manche verzichten auch ganz auf eine Auspolsterung. Wichtig ist, nicht nur Nistmaterial lose in die Voliere zu geben, sondern Gräser und auch Schilf mit Wurzelballen in Schalen oder Kübeln hineinzustellen. Es gibt nämlich Arten, die unbedingt das geeignete Material selbst abreißen wollen. Es ist in diesem Fall dann auch stets gewährleistet, daß alles Nistmaterial bis zur Verarbeitung so frisch bleibt, wie es manche Weber verlangen, um weben zu können.

Während die Sperlinge nur recht unordentliche Nestgebilde herstellen und das Baumaterial lose zusammenfügen, bauen die Weber oft sehr kunstvolle Nester mit hoher Haltbarkeit. Es ist eine wahre Freude, ihnen beim Nestbau zuzusehen. Mit Schnabel und Füßen wird gearbeitet und ein Nest oft innerhalb 2–3 Tagen fertiggestellt.

Die Balz

Bei den Sperlingen besteht die Balz aus Schilpen, bei einigen auch aus einem kleinen Gesang, aus Hüpfen und Tanzen vor dem Weibchen oder um es herum. Dabei wird der Schwanz hochgestellt, die Flügel hängengelassen, bei einigen auch
mit dem Schwanz vibriert. Meistens geht die Balz bei ihnen auf dem Boden vor
sich, bei einigen auch auf Zweigen. Die Kopula erfolgt oft anschließend, also bei
den meisten Sperlingen auf dem Boden.
Bei den Witwen besteht die Balz aus Schauflügen und aus rüttelndem Flug über
dem Weibchen. Das Männchen ruft erregt und singt dabei. Ist das Weibchen paa-
rungswillig, duckt es sich nach vorn auf den Zweig herab. Es läßt dabei manchmal
ein Wimmern hören.
Die Weber balzen stürmisch und recht unterschiedlich. Einige jagen das Weibchen und zeigen sich vor ihm mit schlagenden oder weit ausgebreiteten Flügeln,
dabei heftig singend oder rufend. Andere umhüpfen das Weibchen auf einem
Zweig und sträuben dabei die auffälligen Partien ihres Gefieders. Wieder andere
veranstalten kleine Schauflüge und plustern sich dabei zu Kugeln auf. Oder sie
hüpfen auf und ab, singend und mit gesträubtem Gefieder. Viele der gelbschwar-
zen Weber bauen erst einmal ein Nest. Damit geben sie an, indem sie sich daran-
hängen, mit den Flügeln schlagen und laut singen. Auf diese Weise wird das In-
teresse des Weibchens geweckt. Oft folgt ein Gejage mit anschließender Kopula.
Die Bereitschaft dazu wird von vielen Weibchen durch Auf- und Abflirren mit
dem Schwanz angezeigt. Bei einigen Sperlingsarten findet die Paarung auch im
Nest statt.

Eiablage, Brut und Aufzucht der Jungen

Bei den Witwen geht es mit der Eiablage sehr raffiniert zu. Täglich wird ein Ei
in ein Prachtfinkennest gelegt, wie wir wissen, in das einer ganz bestimmten Art.
Den Rest der Aufzucht überlassen die Witwen den Ammen.
Auch die Sperlings- und Weberweibchen legen täglich ein Ei. Bei den Webern
ist die Zahl der Eier meistens geringer als bei den Sperlingen. Die Brut beginnt
zumeist nach Ablage des vorletzten oder letzten Eies. Das gewährleistet einen
Schlupf der Jungen innerhalb von 1–2 Tagen.
Die Brutzeit beträgt 12–16 Tage, bei den meisten Arten 13–14 Tage. Bei den
Sperlingen lösen sich Weibchen und Männchen beim Brüten ab, bei den Webern
brüten die Weibchen alleine oder ganz überwiegend.

Ebenso verhält es sich mit der Aufzucht der Jungen. Während sich bei den Sperlingen beide Partner die Arbeit teilen, sind nur wenige Webermännchen bereit, mitzuhelfen. In den meisten Fällen füttert das Weibchen die Jungen alleine, sowohl im Nest, wie auch nach dem Ausfliegen noch etwa 14 Tage lang bis zu deren Selbständigwerden. Die Jungen verlassen das Nest im Alter von 17–24 Tagen, je nach Art.

Die Jugendmauser

Alle Vögel kommen mit matterem Gefieder aus dem Nest, das manchmal viel unscheinbarer ist als das der Altvögel. Oft ähneln sie dem Weibchen, das ja auch in den meisten Fällen ein schmuckloses Schutzkleid trägt. Zwischen 3–6 Monaten mausern die Jungen und legen ein Erwachsenenkleid an, doch noch nie ein Prachtkleid der Männchen, selbst wenn es sich um junge Männchen handelt. Erst mit einem Jahr, bei manchen wohl auch noch später, mausern die jungen Männchen der Weber und Witwen in das Hochzeitsgefieder.

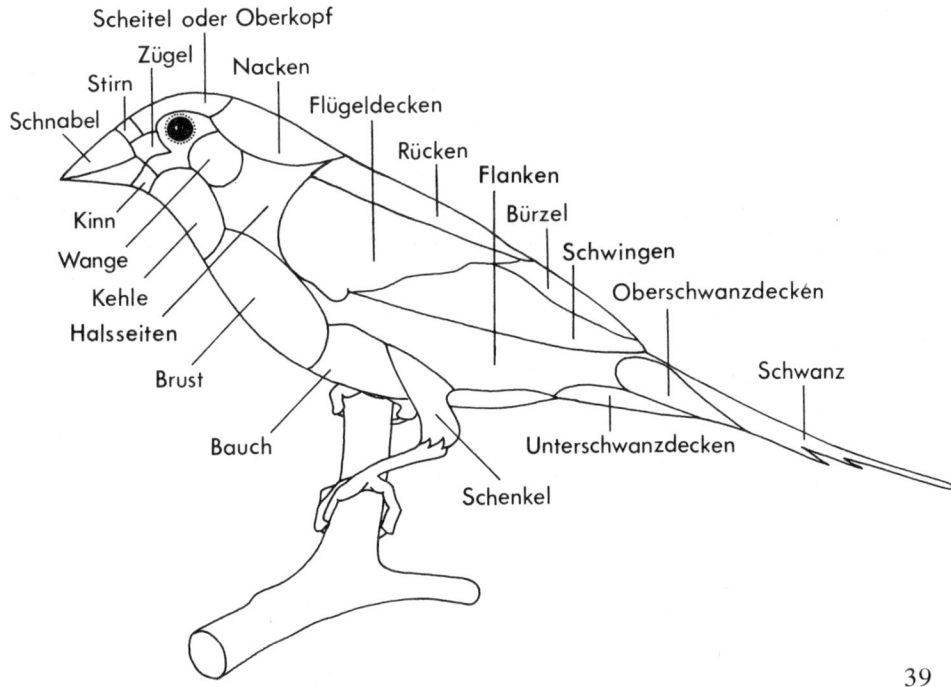

39

Die Gattungen und Arten

Gattung Bartstrichweber *(Sporopipes)* 2 Arten

Schnurrbärtchen *(Sporopipes squamifrons)* 3 Rassen, Abb. 3 Seite 50

Kennzeichen: 10 cm, die gesamte Unterseite ist weißlich. Vom Kinn führen 2 schwarze Schnurrbartstreifen zu den Kehlseiten. Schwarz sind auch Zügel und Stirn, letztere durch weiße Federsäume schuppig wirkend. Oberkopf, Wangen, Nacken und Rücken sind grau. Die Flügel sind dunkelgrau, die Flügeldecken und die Schwanzfedern schwarz mit weißen Säumen. Der Schnabel ist rötlich hornfarben, die Augen sind dunkelbraun, die Füße bräunlich fleischfarben. Weibchen und Männchen sind gleich gezeichnet und nur am Verhalten und dem schilpenden Gesang des letzteren zu unterscheiden.

Herkunft und Lebensweise: Bewohnt Süd-Angola, Südwestafrika bis zum westlichen Oranje-Freistaat, West-Transvaal und West-Rhodesien. Lebt vor allem in Dornbuschsteppen, auch auf Kulturland und in Ortschaften. Ist außerhalb der Brutzeit in kleinen Gruppen anzutreffen und brütet auch kolonieweise. Das Nest ist recht groß und unordentlich. Die Jungen werden anfangs fast ausschließlich mit kleinen Insekten gefüttert, später auch mit Grassamen.

Haltung: Schnurrbärtchen sind anfangs sehr hinfällig und brauchen eine sehr sorgfältige Eingewöhnung bei einer Temperatur von + 22 °C. Wenn sie die ersten 4–6 Monate überstanden haben, sind sie recht robust. Sie können paarweise in einem größeren Bauer oder mit anderen kleinen Vögeln in einer Voliere gehalten werden. Im Sommer dürfen sie auch in die Gartenvoliere gelassen werden, sofern sie jederzeit eine Innenvoliere aufsuchen können.

Zucht: Ist nicht leicht. Zwar schreiten die Vögel leicht zur Brut, ziehen aber nur dann die Jungen auf, wenn sie in den ersten Tagen uneingeschränkt frische Ameisenpuppen zur Verfügung haben. Berichte von erfolgreichen Zuchten sind in den Heften 4 und 11/1968 der Gefiederten Welt. Das Nest wird freistehend in Gezweig gebaut, oder aber in einem Nistkästchen oder -körbchen angelegt. Die Jungen verlassen mit 18 Tagen das Nest.

Ernährung: Exoten-Mischfutter, auch gekeimt, ferner viele kleine lebende Insekten.

Schuppenköpfchen *(Sporopipes frontalis)* 2 Rassen, Abb. 4 Seite 50

Kennzeichen: 12 cm, Kinn und Kehle weiß, die restliche Unterseite weißlich grau. Bartstriche und Stirn bis Oberkopf schwarz mit kleinen weißen „Schuppen" besetzt. Es sind die weißen Spitzen der schwarzen Federn. Oberkopf und Nacken sind rostrot, Zügel, Augenumgebung und Wangen grau. Rücken, Flügeldecken, Schwingen und Schwanz sind braun. Während der Rücken einfarbig mittelbraun ist, sind die übrigen Partien dunkler, jede Feder aber beige gesäumt. Die Oberschwanzdecken sind ebenfalls beige, die Flanken rostbraun angehaucht. Die Augen sind dunkelbraun, der Schnabel ist rosig hornfarben, die Füße sind bräunlich fleischfarben. Männchen und Weibchen sind gleich gefärbt und nur durch den Gesang des Männchens zu unterscheiden, der aus hübschem Zwitschern und Trillern besteht.

Herkunft und Lebensweise: Bewohnt Afrika von Senegal bis Nord-Äthiopien und von dort südwärts bis Tansania. Ist sehr gesellig und außerhalb der Brutzeit besonders an den Wasserstellen anzutreffen, auch in Ortschaften. Zur Brutzeit jedoch meistens paarweise, selten in kleinen Kolonien brütend. Baut das große Nest in Gabeln von Dornbüschen oder von Zweigenden herabhängend. Es wird zumeist in einer Höhe von 3–5 m angelegt. Das Gelege besteht meistens aus 4 Eiern, welche graugrünlich sind und dunkelbraune Flecke von länglicher Form aufweisen. Ist bei der Nahrungssuche viel auf dem Boden anzutreffen, wo es nach Grassamen und Insekten sucht. Die Jungen werden überwiegend mit Insekten aufgezogen. Hauptbrutzeit ist zwischen Oktober und Februar. Nichtbrütende Vögel suchen für die Nacht Webernester auf, in denen sie gesellig schlafen.

Haltung: Das Schuppenköpfchen ist ein sehr friedlicher Vogel, der sich gut für eine gemeinsame Volierenhaltung mit Prachtfinken eignet. Ist anfangs sehr wärmeliebend, weshalb die Eingewöhnung sorgfältig geschehen sollte. Kann im Sommer in eine Gartenvoliere gelassen werden. Niedrige Temperaturen sind zu vermeiden. Überwinterung in geheizten Innenräumen.

Zucht: Ist schon häufig gelungen. Am besten ist es, die Vögel zur Zucht in einem größeren Bauer oder einer kleinen Voliere als Paar alleine zu halten, da sie dann nicht mit ständigem Nestverteidigen abgelenkt werden. Das Nest wird in großen Kästen oder freistehend in einem Astquirl angelegt. Es besteht vor allem aus langen, trockenen Gräsern. Das Gelege wird abwechselnd von beiden Altvögeln bebrütet, nachts von beiden. Die Brutzeit beträgt rund 14 Tage. Die Jungen verlassen mit etwa 3 Wochen das Nest. Sie sind dann matt bräunlicher gefärbt.

Ernährung: Exotenmischfutter, auch gekeimt, viel Grünfutter und einige Insekten wie frisch gehäutete Mehlkäferlarven, Ameisenpuppen und Blattläuse. Tierische Nahrung ist für das Gelingen einer Aufzucht von großer Wichtigkeit. Auch an Eifutter und insektenhaltiges Weichfutter kann das Schuppenköpfchen gewöhnt werden.

Gattung Siedelweber *(Philetairus)* 1 Art

Siedelweber *(Philetairus socius),* auch Siedelsperling genannt, 3 Rassen

Kennzeichen: 14 cm, Männchen und Weibchen sind gleich gefärbt. Im allgemeinen sperlingsartig graubraun. Auffallend sind nur die schwarze Gesichtsmaske, die von Augen und Zügel den Unterschnabel umschließt und einen kleinen Kehllatz bildet, ferner die schwarzbraunen, hellgrau gesäumten Federn des Rückens und der Flanken. Die Augen sind braun, der Schnabel ist hell blaugrau, die Füße sind gelblichbraun. Die Rufe des Siedelwebers erinnern hauptsächlich an das Schilpen von Sperlingen.

Herkunft und Lebensweise: Südwestafrika, Süd-Botswana, die nördliche Kapprovinz, der westliche Oranje-Freistaat und West-Transvaal sind die Heimat des Siedelwebers. Bewohnt dort die trockensten Steppen und Halbwüsten. Braucht für seinen Nestbau Akazienbäume oder andere heimische Bäume. Das Gemeinschaftsnest kann, je nach Größe des Baumes, bis zu 7,5 m lang und 3,5 m dick werden. Ein starker, waagerechter Ast wird als Träger für das Nest gewählt, dessen Dach aus Zweigen und groben Gräsern besteht. An den aus feineren Gräsern bestehenden Unterbau werden die Einzelnester gebaut, die rund sind und Einflugröhren von 10–20 cm Länge und 6–7 cm Weite besitzen. Seitlich vom oberen Ende der Röhre befindet sich die eigentliche Nestkammer, die mit weichen Pflanzenfasern ausgepolstert ist. Es können sich 70 Einzelnester unter einem Gemeinschaftsdach befinden, die Zahl der Vögel, die zu einer Kolonie gehören, kann bis zu 500 betragen. Nach Regenfällen wird gebrütet, und zwar in günstigen Fällen bis zu viermal hintereinander. Die älteren Geschwister helfen den Eltern bei der Fütterung der Nestlinge. Die Jungen werden wohl ausschließlich mit Insekten gefüttert, vor allem mit Termiten. Beide Eltern brüten abwechselnd. Die Gelegegröße ist von der Ergiebigkeit der Regenfälle abhängig. Sie kann zwischen 2–6 betragen. Auch außerhalb der Brutzeit kehren die Siedelweber am Abend in ihre Nester zurück, wobei oft 5–6 Vögel in einer Kammer nächtigen. Der große Dachbau der Siedelwebernester soll die Nester vor Hitze und Kälte, vor Regen und Raubtieren schützen. Schlangen, vor allem eine Kobraart, und der Honigdachs sind die gefährlichsten Räuber von Jungen und Eiern.

Haltung: Wurde zu Anfang dieses Jahrhunderts häufiger eingeführt. Später nur gelegentlich kleinere Importe. Soll recht leicht einzugewöhnen sein, wenn ausreichend tierische Nahrung geboten werden kann. Ist wenig kälteempfindlich und kann ganzjährig in einer Gartenvoliere gehalten werden, wenn ein Schutzraum vorhanden ist.

Zucht: Die Erstzucht in Europa gelang Dr. J. Nicolai 1956. Ausführlich berichtet Prof. O. Koenig in der Gef. Welt, Heft 4/1983.

Gattung Schwarzkopfspätzlinge *(Somalita)* 1 Art

Schwarzkopfspätzling *(Somalita cabanisi)*

Kennzeichen: 13 cm, Oberkopf und Gesichtsseiten sind schwarz, Rücken und Flügel blaßbraun, der Schwanz schwarz. Die Unterseite ist weiß und zeigt einige schwarze Federn an der Brust. Die Flanken sind schwarz und hellbraun gestreift, Schnabel gelblichweiß. Geschlechter gleich gefärbt. Jungvögel sind matter und brauner, auch auf dem Oberkopf. Die Rufe sind recht hübsch, aber rauh.

Herkunft und Lebensweise: Kommt von Äthiopien bis Nordost-Tansania vor. Lebt in der Steppe mit Dornbüschen und -bäumen, auf denen er auch kolonieweise seine Nester baut. Diese sind kugel- bis birnenförmig und hängen an einem Stiel von einem Zweig herab. Seitlich hängt der Einschlupf herab. Es werden 2–4 Eier von weißlicher oder rosa Farbe gelegt, die mit vielen braunen Flecken versehen sind. Kolonien können aus 50–60 Nestern bestehen. Die Vögel bleiben auch außerhalb der Brutzeit in der Nähe der Kolonien. Sie kehren in die Nester zum Schlafen zurück. Die Nahrung besteht vor allem aus Grassamen und anderen Sämereien. An die Jungen werden aber auch Insekten verfüttert.

Gattung Marmorspätzlinge *(Pseudonigrita)* 1 Art

Marmorspätzling *(Pseudonigrita arnaudi),* auch Marmorweber, Schneekopfweber oder Steppenspätzling genannt, 3 Rassen, Abb. 2 Seite 50

Kennzeichen: 13 cm, Schnabel und Handschwingen schwarz, ebenfalls etwas Schwarz in den kurzen Schwanzfedern. Die Augen sind braun, das gesamte Gefieder, mit Ausnahme der weißlichen Kopfoberhälfte mild graubraun, in der

Ohrgegend am kräftigsten braun. Die Füße sind fleischfarben. Das Weibchen trägt das gleiche Federkleid. Die Rasse *P. a. dorsalis* ist auf dem Rücken reiner grau, die Rasse *P. a. australoabyssinica* hat keinen weißlichen, sondern einen grauen Oberkopf. Bei den Jungvögeln ist die Kopfplatte noch gelblichgrau, das übrige Gefieder brauner. Der Lock- und Flugruf ist kurz pfeifend, ein weiterer Ruf ist langgezogen, scharf und laut. Der Gesang ist starenhaft schwatzend und quietschend.

Herkunft und Lebensweise: Bewohnt die Savannen Ostafrikas von Süd-Sudan und Süd-Äthiopien bis Tansania. Bevorzugt sandige Gebiete mit Akaziengruppen und Dorngebüsch. Lebt gesellig und baut sein flaschenförmiges Nest mit herabhängender Einschlupfröhre an Zweigenden und in Astquirle der Akazien. Erstaunlich ist sein „gutes Zusammenleben" mit einer kriegerischen Ameisenart, die in Gallen der Akazien lebt und die jedes andere Lebewesen auf diesen Bäumen angreift. Den Marmorspätzling und seine Jungen in den Nestern lassen die Ameisen unbehelligt, obwohl sie sogar in den Nestern gefunden wurden.

Haltung: Wird nur hin und wieder in geringer Zahl eingeführt. In der ersten Zeit sehr empfindlich und wärmeliebend. Braucht dann mindestens + 22 °C, am besten Infrarotbestrahlung in einem Teil des großen Kistenbauers, das für die Eingewöhnung am geeignetsten ist. Später ist die Haltung in einer geräumigen Voliere am besten. Vom Frühjahr bis zum Herbst kann er dann bei schönem Wetter auch in eine Gartenvoliere gelassen werden. Anderen Volierenbewohnern gegenüber ist der Marmorspätzling zumeist friedlich, zur Brutzeit kann er jedoch unverträglich werden.

Zucht: Ist schon mehrere Male gelungen, und zwar in geräumigen, bepflanzten Volieren. Das Nest wird aus Kokosfasern und trockenen Gräsern in Nistkörbchen, halboffene Nistkästen oder freistehend in Büsche oder in Kiefern- oder Ginstergestrüpp gebaut. Es wird mit weichen Pflanzenfasern ausgepolstert. Oft wird mit dem Bau mehrerer Nester gleichzeitig begonnen. Das Weibchen legt meist 4 Eier, die weißlich, bläulich oder rosa sind, mit rötlichbraunen oder graubraunen Flecken und Punkten. Die Brutzeit beträgt 14 Tage. Die Jungen verlassen nach 3 Wochen völlig flugfähig das Nest. Sie werden noch gut 14 Tage lang von den Eltern gefüttert und auch während der nächsten Brut in der Voliere geduldet. Siehe auch W. Hemmer (Gef. Welt, Heft 3/1975 und 7/1976).

Ernährung: Vor allem die größeren Hirsesorten und Glanz, auch gekeimt. Weichfutter und Ei werden ebenfalls gern genommen. Zur Aufzucht der Jungen sind neben Mehlwürmern und Getreideschimmelkäferlarven auch Ameisenpuppen (frisch und tiefgefroren) erforderlich. Es wurde auch Wiesenplankton genommen, vor allem kleine Feldheuschrecken.

Gattung Mahaliweber *(Plocepasser)* 4 Arten

Mahali *(P.)*, auch Augenbrauenmahali genannt, 6 Rassen, Abb. 55 Seite 147

Kennzeichen: 16 cm, Schnabel, Zügel, Stirn und Oberkopf schwarz. Der weiße Überaugstreif zieht sich bis zu den Nackenseiten hin und ist dort besonders breit. Gesichtsseiten, Halsseiten und Rücken erdbraun. Bürzel und Oberschwanzdecken weiß, die Flügel und der Schwanz schwärzlich. Flügelfleck und Flügelbinde durch weiße Enden der Deckfedern. Die Schwingen haben hellbraune Säume, der Schwanz weiße. Unterseite von Kinn bis Unterschwanzdecken weiß, auf der Brust braungefleckt. Augen rotbraun, Füße fleischfarben. Männchen und Weibchen sind gleich gefärbt, Jungvögel sind bräunlichgrauer gefärbt und haben einen braungrauen Schnabel. Das Männchen singt hübsch und abwechslungsreich, die Rufe sind dagegen rauh.

Herkunft und Lebensweise: Ist vom Süd-Sudan und Süd-Äthiopien bis Sambia, Süd-Angola und der inneren Kapprovinz verbreitet. Überall im Trockenbusch und Halbwüsten zu Hause. Kolonien werden vor allem auf Akazien angelegt. Die Nester sind birnenförmig und besitzen zwei Einschlupfe an der Unterseite. Einer davon wird für die Brutdauer geschlossen und erst wieder geöffnet, wenn die Jungen flügge sind. Die Vögel bleiben das ganze Jahr über in der Nähe der Kolonie, in der es laut schwatzend zugeht. Die 2–3 Eier sind cremefarben bis rosa, haben graue bis rotbraune Wolkenzeichnungen und rötliche bis violette Kritzel. Ernährt sich von Sämereien, aber auch von Früchten und Insekten.

Haltung: Ist hin und wieder eingeführt worden, zuerst 1876, als sie im Berliner Zoo gezeigt wurden. Kann in einer sehr großen Vogelvoliere mit anderen Webern gemeinsam gehalten werden. Zur Brutzeit recht aggressiv, so daß sich für die Zucht paarweise Unterbringung empfiehlt.

Rotrückenmahali *(Plocepasser rufoscapulatus)*

Kennzeichen: 17 cm, Zügel, Augenumgebung, 2 Streifen an den Oberkopfseiten, 2 von den roten Augen zum Nacken und 2 Bartstreifen vom Unterschnabel zu den Halsseiten schwarz. Scheitelstreif, Überaugstreif, Gesichtsseiten, Nackenseiten, Bürzel und Oberschwanzdecken hellgrau. Kinn und Kehle weiß, Brust, Bauch und Unterschwanzdecken weißlich graubraun. Rücken rotbraun, Flügeldecken und Schwingen dunkelbraun mit weißen bzw. beigen Säumen. Der Schwanz ist rötlichgraubraun, Füße gelblich fleischfarben. Schnabel beim Männchen hellgrau, beim Weibchen schwarz.

Herkunft und Lebensweise: Ist von Süd-Angola bis zum Norden Malawis verbreitet. Bewohnt lichte Waldgebiete in der Savanne. Baut sein typisches „Sperlingsnest" hoch auf Bäumen, wo er es an Zweigenden hängt. Seine Nahrung, Sämereien und Insekten, findet er vor allem auf dem Boden. Die Eier sind weiß, am stumpfen Ende braun gefleckt.

Braunwangenmahali *(Plocepasser superciliosus),* auch Brauenmahali genannt

Kennzeichen: 15 cm, Oberkopf rostbraun, ein breiter, weißer Augenbrauenstreif zieht sich bis in den Nacken. Weiß sind auch zwei Flügelbinden auf den Flügeldecken, wobei die vordere breiter und weißer ist als die hintere. Die restliche Oberseite ist erdbraun, die Unterseite grauweiß. Kinn und Kehle sind weiß und von zwei schwarzen Streifen eingefaßt. Der Schnabel ist braun, der Unterschnabel heller als der Oberschnabel. Die Augen sind rotbraun, die Füße hellbraun. Die Geschlechter unterscheiden sich nicht. Zwitschert recht angenehm und läßt einen Triller hören.

Herkunft und Lebensweise: Kommt von Senegal bis Nord-Äthiopien, Nord-Uganda und Nordwest-Kenia vor. Bevorzugt Wald und dichtes Gebüsch. Er ist nur gebietsweise und meistens selten anzutreffen. Wird von März–Juni brütend angetroffen, und zwar nur in ganz kleinen Kolonien oder als Einzelpaar. Das Nest ist länglich und wird in Astgabeln gesetzt. Es wird aus Gräsern, Blättern und Zweigstückchen gebaut und sieht etwas unordentlich aus. Zumeist in etwa 5 m Höhe zu finden. Die Eier sind creme- bis rosafarben und haben viele regelmäßige braune Flecke und hellviolette Wolkenzeichnungen. Auch außerhalb der Brutzeit meistens in nur kleinen Gruppen. Lebt vor allem von kleinen Sämereien.

Haltung: Ist zwar schon gehalten worden, doch ist über seine Pflege nichts bekannt geworden.

Wüstenmahali *(Plocepasser donaldsoni),* auch Dornbuschmahali genannt

Kennzeichen: 16 cm, Männchen und Weibchen sind gleich gefärbt. Oberseits blaß braun, auf dem Oberkopf mit dunklerem Braun vermischt. Bürzel und Oberschwanzdecken weiß, die Ohrdecken schwärzlich, ebenso die Zügel. Die Unterseite ist cremeweiß mit braunen Flecken, diese vor allem an Brust und Flanken. Jungvögel sind kräftiger braun. Ruft weich „duk-duk" und laut „tsching-tsching". Das Männchen besitzt außerdem einen sehr hübschen kleinen Gesang.

Herkunft und Lebensweise: Ist in Süd-Äthiopien und Nord-Kenia beheimatet. Lebt vor allem in den heißesten Fels- und Sandhalbwüsten. Seine Nahrung sind vor allem Grassamen. Ist sehr selten und nur in kleinen Gruppen anzutreffen. Das aus Gräsern gebaute und mit einer kurzen Einschlupfröhre versehene Nest wird mit Federchen ausgepolstert. Die Eier sind rötlich oder graubraun und mit sehr feinen rotbraunen Flecken gezeichnet. Brütet in kleinen Kolonien auf Bäumen oder Büschen.

Gattung Rotschwanzweber *(Histurgops)* 1 Art

Rotschwanzweber *(Histurgops ruficauda)*

Kennzeichen: 22 cm, Männchen und Weibchen tragen das gleiche Federkleid. Fast das gesamte Gefieder ist hellbraun und dunkelgrau gefleckt. Die Flügel sind einfarbiger braun. Die Schwanzfedern sind hell rotbraun, die mittleren schwarzbraun. Jungvögel sind brauner, besonders unterseits. Ruft ziemlich rauh „skwiu" und „schwie-zie".
Herkunft und Lebensweise: Inner-Tansania ist seine Heimat. Ich konnte ihn recht häufig in der Serengeti und am Fuß der Kraterwände des Ngorongoro-Kraters beobachten. Er ist sehr gesellig und lebt in Gruppen von 20–100 Vögeln zusammen. Bis zu 20 Nester sind auf einem Baum zu finden. Es sind große, unordentliche Grasgebilde mit recht weitem Einschlupf. Die zumeist 3 hellblauen Eier haben graue Wolkenzeichnungen und lehmbraune Kritzel und Punkte. Seine Nahrung, die aus Sämereien und Insekten besteht, sucht der Rotschwanzweber fast ausschließlich auf dem Boden, auf dem er sich langsam bewegt. Vielfach konnte ich ihn in Gesellschaft von Dreifarben-Glanzstaren beobachten. Er soll auch mit Fischers Unzertrennlichen in den gleichen Bäumen brüten.

Gattung Büffelweber *(Bubalornis)* 2 Arten

Alektoweber *(Bubalornis albirostris),* auch Weißschnäbliger Büffelweber oder Viehweber genannt

Kennzeichen: 24 cm. Männchen und Weibchen sind gleich gefärbt, das Männchen meistens größer. Das gesamte Gefieder ist schwarz, jedoch sind die Federn am Grunde weiß, was sich besonders bei gesträubtem Gefieder zeigt. Besonders auf dem Rücken und unter den Flügeln ist Weiß zu sehen. Außerhalb der Brutzeit trägt das Männchen einen schwarzen Schnabel, der zur Brutzeit weiß wird und an der Basis stark anschwillt. Jungvögel sind dunkelbraun und tragen weiße Flecke an Brust und Flanken. Sehr lautfreudig, vor allem in der Nähe der Brutkolonien. Ein recht hübscher Ruf hört sich wie „istiguwi" an.

Herkunft und Lebensweise: Kommt von Senegal bis Nord-Äthiopien und Nordwest-Kenia vor. Bevorzugt Trockensteppen, ist aber auch auf Kulturland und an Flußufern zu finden. Suchen von Büffeln und Weidevieh Parasiten ab und fangen Fliegen, die sich an deren Kot ansammeln. Läuft geschickt und schnell. Sein Flug ist dagegen recht langsam und schwerfällig. Ist sehr gesellig und baut große Gemeinschaftsnester aus Reisern in die Bäume. Diese Reisighorste können bis zu 1,5 m Durchmesser erreichen. In sie hinein bauen mehrere Paare ihre eigentlichen Nester aus Gräsern und Fasern. Bis zu 20 Paare in einem Baum mit mehreren Gemeinschaftshorsten. Es werden zumeist nur 1–3 Eier gelegt, die weißlich sind und stark mit braunen und grauen Flecken und Punkten gezeichnet sind.

Haltung: Ist friedlich und gut mit anderen Arten zusammen in einer großen Voliere zu halten. Wird sehr zutraulich.

Zucht: Ist schon gelungen.

Ernährung: Körnergemisch mit Getreide, Weich- und Eifutter, Mehlwürmer, viel Obst und Grünfutter.

Seite 49
Abb. 1. Gartenvolieren mit angeschlossenen Innenvolieren für Webervögel (s. Seite 19)

Seite 50
Abb. 2. Marmorspätzling (s. Seite 43)
Abb. 3. Schnurrbärtchen (s. Seite 40)
Abb. 4. Schuppenköpfchen (s. Seite 41)

Seite 51
Abb. 5. Weißstirnweber, Männchen (s. Seite 54)
Abb. 6. Weißstirnweber, Weibchen (s. Seite 54)
Abb. 7. Jacksonweber, Männchen (s. Seite 76)
Abb. 8. Starweber (s. Seite 53)

Seite 52
Abb. 9. Textorweber, Weibchen (s. Seite 73)
Abb. 10. Textorweber, Männchen (s. Seite 73)

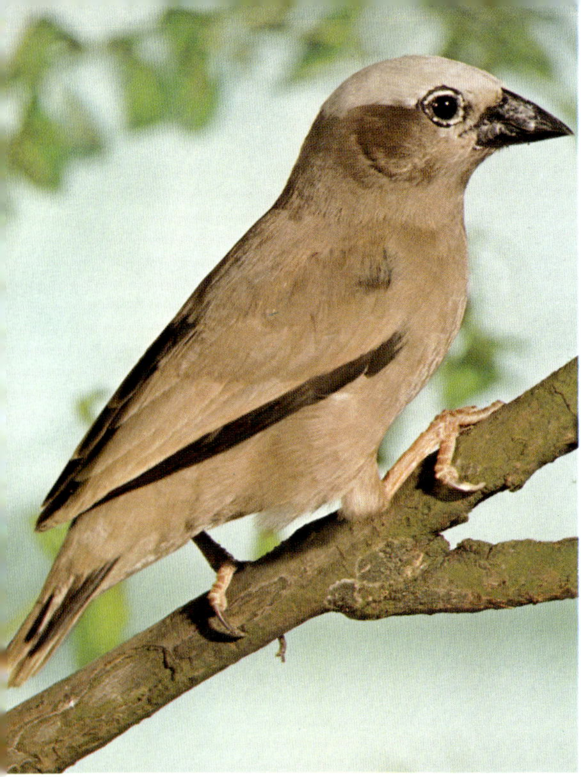

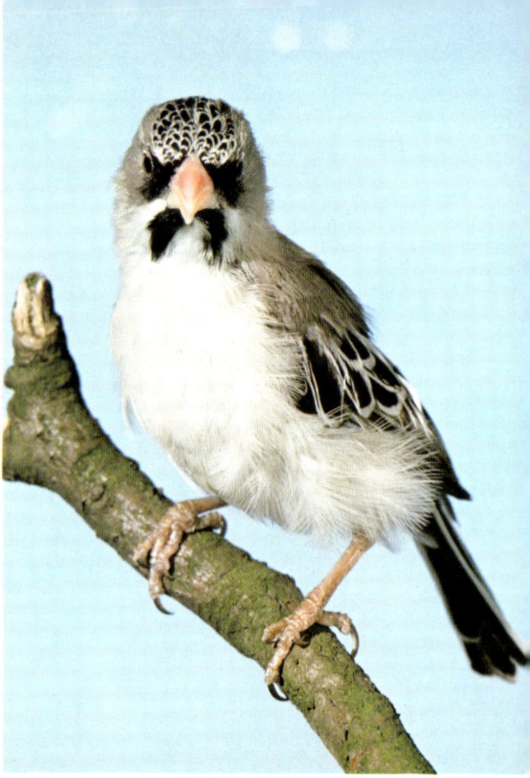

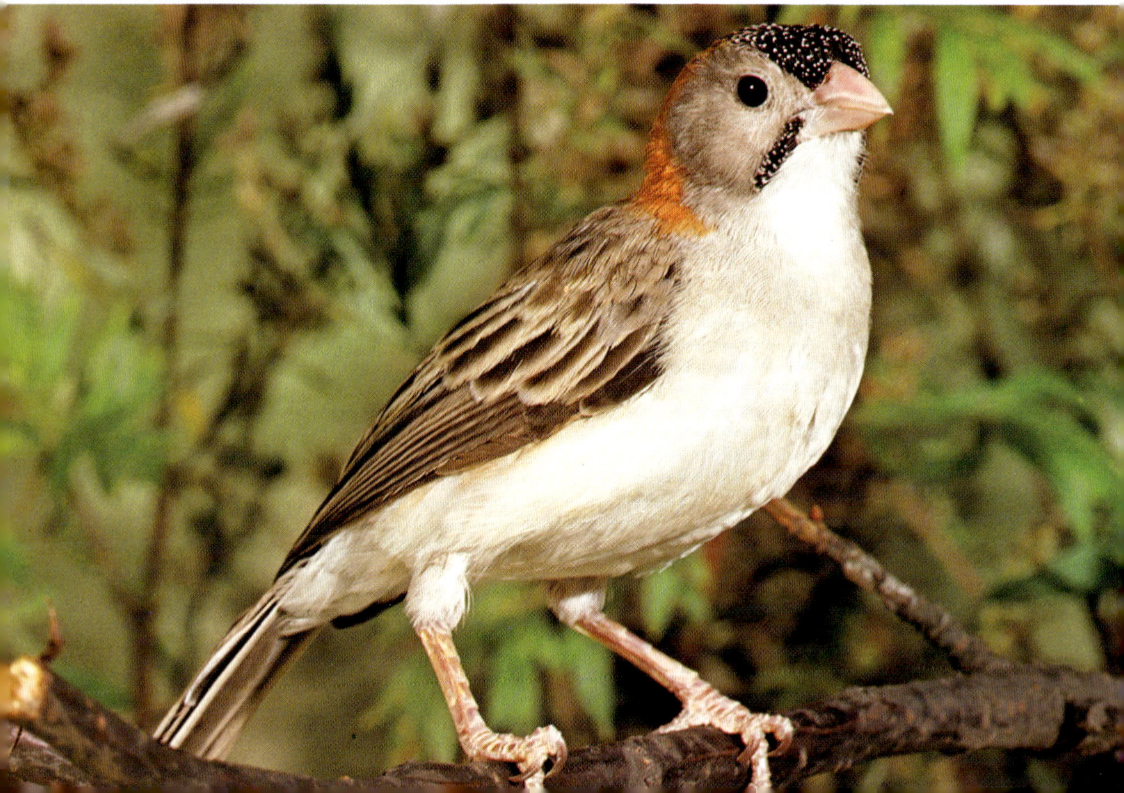

Büffelweber *(Bubalornis niger)*, auch Rotschnäbliger Büffelweber genannt, 2 Rassen

Kennzeichen: 25 cm, das Männchen trägt ein pechschwarzes Gefieder, das nur an den Flügeldecken und den Handschwingen weiße Säume zeigt. Der Schnabel ist orangerötlich. Das Weibchen ist düster grau bis graubraun oberseits, unterseits weißlich gestreift. Der Schnabel ist schwärzlich. Jungvögel ähneln dem Weibchen, junge Männchen zeigen aber schon rötliche Schnabelfarbe. Bei jungen Weibchen ist der Schnabel dagegen hornfarben. Läßt ein lautes „tschurr" und vielerlei schwatzende und krächzende Rufe hören.

Herkunft und Lebensweise: Sein Lebensraum reicht von Südost-Äthiopien bis Tansania, vom Sambesi und Ost-Sambia bis Transvaal und von Angola bis Südwestafrika. Liebt die Dornbusch-Savannen, baut gesellig vor allem in Affenbrotbäumen. Gemeinschaftsnester, Verhalten, Anzahl und Farbe der Eier gleichen denen der vorigen Art völlig.

Haltung, Zucht und Ernährung: Der Büffelweber wird vom Laien zumeist nicht als besondere Art vom Alektoweber unterschieden. Alles dort Gesagte trifft auch auf diese Art zu.

Gattung Starweber *(Dinemellia)* 1 Art

Starweber *(Dinemellia dinemelli)*, auch Weißkopf-Viehweber genannt, 2 Rassen, Abb. 8 Seite 51

Kennzeichen: 22 cm, Männchen und Weibchen gleich gefärbt. Kopf, Kinn, Kehle, Brust und Bauch weiß. Flügeldecken, Flügel, Rücken und Schwanz düster braun. Flügeldecken mit weißen Flecken, die Handschwingen mit weißer Querbinde. Bei der Rasse Böhms Starweber *(D. d. boehmi)* kein Weiß in den Flügeln, die nicht düster braun, sondern schwarz sind. Der Flügelbug, die Oberschwanzdecken, der Bürzel und die Unterschwanzdecken sind rostrot. Der Schnabel ist schwärzlich, ebenso die Füße. Die Augen zeigen innen eine hell bräunliche, außen eine weißlichgelbe Iris. Zur Unterscheidung der Geschlechter dient nur das Balzgehabe des Männchens. Es ist weites Flügelspreizen bei ganz aufrechter Haltung mit anschließendem Vorbeugen und begleitendem Gekreisch. Sonst sind die Laute eher weich und sanft zu nennen.

Herkunft und Lebensweise: Vom Südosten des Sudans und Süd-Äthiopien und Somalia kommt die Art bis Süd-Tansania und Südost-Zaire vor. Ich konnte diesen Weber häufig in der Dornbuschsavanne Kenias beobachten, wo er zumeist in kleinen Gesellschaften mit dem Dreifarbenglanzstar anzutreffen war. Sucht die Nähe von Weidevieh, Kaffernbüffel und anderem großen Wild. Es wird ein großes Gemeinschaftsnest aus Reisern gebaut, vor allem aus dornigen, die guten Schutz der eigentlichen Nester abgeben. Diese werden aus Gräsern mitten in die Reisighorste hineingebaut und besitzen eine lange Einflugröhre. Es werden zumeist 2–3 Eier gelegt, die weißlichblau sind und braune, schwarze und graue Flecke und Punkte besitzen.

Haltung: Läßt sich sehr gut in einer größeren Voliere pflegen. Ist wenig kälteempfindlich und kann in einer Gartenvoliere mit angeschlossener Innenvoliere gehalten werden. Diese braucht im Winter nur wenig beheizt zu werden.

Zucht: Ist schon gelungen. Die Vögel sollten zu mehreren Paaren gehalten werden. Sie legen dann Gemeinschaftshorste an, verteidigen ihr Einzelnest aber auch gegen Artgenossen heftig. Die Jungen werden mit Mehlwürmern, Weichfutter, viel Obst und Grünzeug aufgezogen, kaum mit Körnerfutter.

Ernährung: Tierische Nahrung spielt zu allen Zeiten eine wichtige Rolle, wenn auch Getreide, Glanz und große Hirsesorten genommen werden, vor allem in gekeimtem Zustand. Früchte sind ebenfalls sehr wichtig. Es können Feigen, Apfel- und Birnenstücke, Orangenhälften, Bananen und Wassermelonen angeboten werden, auch Vogelbeeren und süßes Beerenobst. In ihrer Heimat sah ich sie vielfach von den Früchten der Papaya schmausen.

Gattung Dickschnabelweber *(Amblyospiza)* 1 Art

Weißstirnweber *(Amblyospiza albifrons)* 10 Rassen, Abb. 5 und 6 Seite 51

Kennzeichen: 18 cm, besonders starker, blauschwarzer oder schwarzbrauner Schnabel. Auf Kopf, Nacken und Brust schwarzbraun oder dunkel kastanienbraun. Rücken, Flügel und Schwanz tief schwarzbraun oder grauschwarz. Das übrige Gefieder ist etwas rotbräunlicher. Gelblichweiße Federränder an den Flanken und Unterschwanzdecken lassen eine Wellenzeichnung entstehen. Die weiße Stirn und die weißen Spiegel am vorderen Teil der Handschwingen sind die besten Erkennungszeichen. Die Augen sind hellbraun, die Füße schwarz. Das Weibchen ist oberseits dunkelbraun, unterseits weiß mit dunkelbraunen Längsstreifen.

Herkunft und Lebensweise: Von Sierra Leone bis Äthiopien, südwärts bis Angola und Nord-Botswana, ferner durch Mozambique, Rhodesien und Ost-Transvaal bis Natal, Transkei und zur östlichen Kapprovinz. Lebt vor allem in Sumpfgebieten mit hohen Gräsern. Baut sein kunstvolles, kugeliges Nest zwischen deren Halme. Es hat einen seitlichen Einschlupf, der bei manchen Rassen mit einem Dach versehen ist. Die 2–3 Eier sind weißlich oder hellrötlich und haben, besonders am stumpfen Ende, wenige Punkte und Flecke von brauner und rötlicher Farbe. Die Nester einer Kolonie stehen oft sehr nahe beieinander. Lebt auch außerhalb der Brutzeit gesellig. Sein Flug ist wellenförmig. Ernährt sich vor allem von Sämereien, aber auch von Früchten, Beeren und Insekten. Letztere werden vor allem zur Aufzucht der Jungen genommen.

Haltung: Wurde schon seit 70 Jahren in stets nur kleiner Zahl eingeführt. Eignet sich gut für eine Voliere, in der hohe Gräser, Schilf und Bambus angepflanzt werden können. Die Überwinterung sollte in einer frostfreien Innenvoliere erfolgen.

Zucht: Ist schon gelungen. Das Nest wird zwischen Halmen oder in Gebüsch freistehend angelegt. Die Brutzeit beträgt 13–14 Tage. Nach rund 20 Tagen fliegen die Jungen aus, und zwar durch eine Öffnung im Boden des Nestes, die zuvor vom Männchen geschaffen wird.

Ernährung: Wie Marmorspätzling.

Gattung Breitschnabelweber *(Pachyphantes)* 1 Art

Braunbürzelweber *(Pachyphantes superciliosus),* auch Augenbrauenweber genannt

Kennzeichen: 13 cm, das Männchen hat Schnabel, Wangenflecke, Kinn und Kehle schwarz. Stirn und Oberkopf sind goldgelb, ebenso die Umgebung des schwarzen Kehlflecks. Der Hinterkopf ist hellgelb, auch die Halsseiten und die Unterseite sind blaßgelb bis weißlich. Nacken, Rücken, Flügeldecken, Flügel und Schwanz sind olivbraun, der Bürzel ist reiner braun gefärbt. Die Rückenfedern sind gelblich gesäumt, die der Flügel haben weiße Säume. Das Weibchen ist ähnlich gefärbt, hat den Oberkopf schwarz, so daß der breite gelbe Überaugstreif besonders leuchtend in Erscheinung tritt. Außerhalb der Brutzeit sind beide Geschlechter schlichter gefärbt. Insgesamt bräunlicher. Durchs Auge verläuft dann nur ein schmaler schwarzer Streif. Der Überaugstreif ist zimtfarbener.

Herkunft und Lebensweise: Bewohnt in den Savannen vor allem die sumpfigen Gebiete und ist von Sierra Leone und Süd-Äthiopien südwärts bis Nord-Angola, Katanga und Nordwest-Tansania verbreitet. Zumeist in kleinen Gruppen anzutreffen. Brütet im hohen Gras. Das runde bis längliche Nest wird zwischen Halme

gewebt und hat einen seitlichen Einschlupf. 3–4 Eier werden gelegt. Sie sind weiß bis isabellfarben und haben viele dunkel graubraune Flecken und Pünktchen. Ernährt sich von Insekten, Früchten und Grassamen.
Haltung: Wird nur sehr selten auf dem Vogelmarkt angeboten.

Gattung St.-Thomas-Weber *(Thomasophantes)* 1 Art

St.-Thomas-Weber *(Thomasophantes sanctithomae)*

Kennzeichen: 15 cm. Das Männchen hat einen schwarzen Oberkopf. Gesichtsseiten, Überaugstreif, Halsseiten, Brust und Flanken sind rostgelb. Die Oberseite ist dunkelbraun, von zwei weißen Flügelbinden geschmückt. Bauchmitte und Unterschwanzdecken sind weißlich sandfarben. Der Schnabel ist hornbraun, die Füße sind hell fleischfarben. Das Weibchen ist auf dem Kopf grauschwarz. Das Rückengefieder ist olivfarbener braun. Hals und Brust sind nicht rostgelb, sondern weißlicher sandfarben. Der Gesang ist sirrend und flötend und wird mit dem Lockruf variiert, der sich wie „tschip-tschip" anhört.
Herkunft und Lebensweise: Kommt auf der Insel Sao Tomé vor, und zwar in den Wäldern in Höhen über 1000 m. Klettert an Baumstämmen und Ästen auf und ab wie unser Kleiber. Sein rundliches Nest mit einer nach unten weisenden Einschlupfröhre wird aus Ranken und Baumfasern gebaut und mit Moosen und Flechten ausgepolstert. Die Eier sind länglich und einfarbig hellblau oder hellgrün. Seine Nahrung besteht sowohl aus Sämereien wie aus Insekten.

Gattung Miomboweber *(Notiospiza)* 1 Art

Miomboweber *(Notiospiza angolensis)*

Kennzeichen: 14 cm, Kopf vom schwarzen Schnabel bis zum Nacken schwarzbraun, Rückenseiten, Flügeldecken, Schwingen und Schwanz schwarz. Kinn, Kehle, Halsseiten, Rückenmitte, Spitzen der Flügeldecken weiß, Bürzel, Oberschwanzdecken gelb, Brust, Bauch und Flanken gelblichweiß. Augen braun, Füße fleischfarben. Weibchen gleich gefärbt, Jungvögel auf dem Kopf grau, Schnabel ebenfalls grau, Unterschnabel rosig.
Herkunft und Lebensweise: Lebt in Angola, Süd-Zaire und Nord-Sambia, und zwar in Waldgebieten. Klettert sehr gut und sucht seine Insektennahrung von Baumstämmen und Ästen.

Gattung Spechtweber *(Phormoplectes)* 4 Arten

Preußweber *(Phormoplectes preussi)*

Kennzeichen: 14 cm, Männchen rotbraun an der Stirn, das allmählich in das Gelb des Nackens und Rückens übergeht. Gesicht und Kehle schwarz, ebenso die Flügel und der Schwanz. Restliches Gefieder leuchtend gelb, nur auf dem Rücken etwas schwarz gefleckt. Schnabel ebenfalls schwarz. Das Weibchen ist ähnlich gefärbt, hat die Stirn aber schwarz, Oberkopf wie die restliche Oberseite gelb. Schwanz recht kurz. Stimme kreischend.
Herkunft und Lebensweise: Lebt von Sierra Leone bis zum Osten Zaires, und zwar in Bergwäldern. Ernährt sich von Insekten, die er an Stämmen und Ästen emporkletternd aus Rindenritzen klaubt.

Gelbkappenweber *(Phormoplectes dorsomaculatus)*

Kennzeichen: 15 cm, gleicht dem Preußweber, hat jedoch rein gelbes Oberkopfgefieder und gelbe Stirn. Bürzel schwarz, im Gegensatz zum rein gelben Bürzel des Preußwebers. Weibchen hat ebenfalls schwarzen Bürzel und den Kopf bis in den Nacken schwarz.
Herkunft und Lebensweise: Ist im Hochland von Kamerun bis Nordost-Zaire zu Hause. Er ist sehr selten, weshalb über seine Lebensgewohnheiten kaum etwas bekannt ist. Insekten als Nahrung.

Braunkappenweber *(Phormoplectes insignis)*

Kennzeichen: 15 cm, ähnelt dem Preußweber, jedoch der ganze Oberkopf braun, und zwar scharf gegen das leuchtende Gelb des Nackens abgegrenzt. Beim Weibchen ist der ganze Kopf schwarz. Schnabel bei beiden Geschlechtern schwarz. Stimme rauh.
Herkunft und Lebensweise: Kommt auf Fernando Po vor, ferner in Kamerun, im Norden Angolas sowie im Hochland Ostafrikas vom Süden des Sudans durch Kenia bis West-Tansania. Lebt im Bergwald bis in Höhen von 3000 m. Ist meistens nur paarweise anzutreffen, und zwar hoch auf Bäumen, wo er auch sein Nest baut. Ernährt sich von Insekten.

Goldnackenweber *(Phormoplectes aureonucha)*

Kennzeichen: 15 cm, beim Männchen sind Schnabel, Gesichtsseiten, Kinn, Kehle, Rücken und restliche Oberseite schwarz. Oberkopf und Brust dunkel kastanienbraun. Am Hinterkopf geht das Kastanienbraun über Orange in ein breites gelbes Nackenband über. Entlang der Rückenmitte ist ein gelber Streifen. Flanken, Bauch und Unterschwanzdecken sind grünlichgrau, in der Bauchmitte weißlicher. Weibchen und Jungvögel haben den Oberkopf blaßbraun, das Nackenband gelblichbraun, die Unterseite grau, an der Brust olivgrün. Augen dunkelbraun, Füße bräunlich fleischfarben.
Herkunft und Lebensweise: Ist nur im Nordosten Zaires zu Hause. Sehr selten anzutreffen. Lebt im Regenwald und ernährt sich von Insekten und Früchten.

Gattung Dunkelweber *(Melanoploceus)* 2 Arten

Dreifarbenweber *(Melanoploceus fuscocastaneus)* 2 Rassen

Kennzeichen: 15 cm, Männchen und Weibchen sind gleich gefärbt. Schnabel, Kopf, Kinn, Kehle, Flügel, Bürzel, Oberschwanzdecken und Schwanz sind schwarz, der Rücken gelb. Brust, Bauch und Unterschwanzdecken sind kastanienbraun, letztere mit Schwarz vermischt. Augen dunkelbraun, Füße fleischfarben. Jungvögel fast ganz kastanienbraun, Kopf mit Schwarz vermischt. Das Gelb des Rückens erscheint erst später.
Herkunft und Lebensweise: Kommt von Sierra Leone bis Nord-Angola in Westafrika vor, ostwärts bis Uganda und dem westlichen Kenia (Kawirondo). Hält sich auf hohen Bäumen auf, in deren Kronen er auch brütet. Das Nest ist herabhängend und besitzt eine Einschlupfröhre. Es wird aus Ranken und Fasern gebaut. Die Eier sind weiß bis hellblau und ungefleckt. Ernährt sich vor allem von Insekten.

Trauerweber *(Melanoploceus albinucha)* 3 Rassen

Kennzeichen: 15 cm, gänzlich schwarz mit weißlichen Augen. Auch das Weibchen ist schwarz. Nur durch die Tatsache der Paarbildung zweier schwarzer Weber kann diese Art vom Mohrenweber *(Textor nigerrimus)* unterschieden werden, dessen Weibchen dunkel olivgrün ist. Stimme typisches Webergeschwätz und -gekreisch.

Herkunft und Lebensweise: Kommt auf Fernando Po und von Sierra Leone bis zum Westen Ugandas vor. Baut ein herabhängendes Nest, oft in großen Kolonien mit Textorwebern und Mohrenwebern im gleichen Baum bauend. Nimmt außer Sämereien viele Insekten auf.

Haltung: Über seine Einfuhr ist nichts bekannt geworden. Wohl für Mohrenweber gehalten.

Gattung Gelbfußweber *(Rhinoploceus)* 1 Art

Gelbfußweber *(Rhinoploceus flavipes)*

Kennzeichen: 14 cm, insgesamt schwarz. Federn von Kopf, Kinn, Kehle und Nakken besitzen glänzend grüne Spitzen, so daß das Schwarz schuppig erscheint. Bauch und Unterschwanzdecken sind bräunlich. Der Schnabel ist schwarz, Augen und Füße gelb. Weibchen gleich gefärbt, doch matter. Jungvögel sind oberseits schwarzbraun, haben ein verwaschen olivgelbes Nackenband, sind unterseits grünlichgelbgrau, doch sind Bauch und Unterschwanzdecken gelb.

Herkunft und Lebensweise: Lebt im Nordosten Zaires, und zwar auf hohen Bäumen des Regenwaldes. Ist selten und noch kaum beobachtet. Ernährt sich von Insekten.

Gattung Prachtweber *(Malimbus)* 10 Arten

Kletterweber *(Malimbus rubricollis)* 5 Rassen

Kennzeichen: 18 cm, bis auf die leuchtend rote Stirn, Oberkopf, Nacken und Halsseiten ist das Gefieder schwarz. Augen rot. Beim Weibchen sind Stirn und Vorderkopf schwarz. Hartes, tiefes Kreischen und Rufe wie „zischiii" sind von ihm zu hören.

Herkunft und Lebensweise: Ist in Westafrika auf Fernando Po und von Sierra Leone bis Nord-Angola verbreitet, ostwärts bis Süd-Uganda und dem südwestlichen Kenia (Kawirondo). Bewohnt dichte Waldgebiete, und zwar hohe Bäume, aber auch Unterholz. Nest zumeist sehr hoch in Bäumen, und zwar von einem hervorstehenden Ast hängend. Es hat eine weite, aber kurze Einschlupfröhre. Es wird aus den verschiedensten Fasern, Blattstreifen und Gräsern gebaut. Die zumeist 2 Eier sind weißlich oder ganz hell bläulich, grünlich oder bräunlich und besitzen manchmal kleine braune Punkte. Auf der Suche nach Insekten, seiner Hauptnahrung, vermag dieser Weber an Stämmen und Ästen hinauf und kopfunter hinabzuklettern.

Rachelweber *(Malimbus racheliae)*

Kennzeichen: 17 cm, ein schwarzer Vogel mit rotem Oberkopf, rotem Kehl- und Brustfleck mit gelblichen Rändern. Gelb sind auch die Unterschwanzdecken. Schnabel schwarz, Augen rot, Füße schwärzlich. Das Weibchen hat auch den Oberkopf schwarz.
Herkunft und Lebensweise: Lebt in Westafrika, und zwar in den Waldgebieten von Ost-Nigeria bis Gabun. Einzeln oder paarweise auf hohen Bäumen anzutreffen. Ernährt sich von Insekten und Früchten.

Ballmannweber *(Malimbus ballmanni)*

Kennzeichen: 17 cm, ein schwarzer Vogel mit goldgelbem Nacken und Hinterhals. Gelb sind auch Vorderbrust und Unterschwanzdecken, erstere sind orangegelb überhaucht. Schnabel schwarz, Füße schwärzlich.
Herkunft und Lebensweise: Bisher nur im Südwesten der Elfenbeinküste gefunden worden. Herr Dr. Peter Ballmann brachte 1972 einen Vogel dieser Art mit, die Herr Dr. H. E. Wolters, Bonn, 1974 beschrieben und benannt hat. Über die Lebensweise des Ballmannwebers ist bisher nichts bekannt.

Schildweber *(Malimbus scutatus)* 2 Rassen

Kennzeichen: 17 cm, fast ganz schwarz. Nur Stirn, Oberkopf, Nacken und Brust sind rot. Bei der Rasse *M. s. scutopartitus* ist der rote Brustschild größer, beim Weibchen in der Mitte durch Schwarz geteilt. Das Weibchen hat ferner rote Unterschwanzdecken. Der Schnabel ist schwarz, die Augen sind rot, die Füße schwärzlich. Schreit laut und schrill, singt recht abwechslungsreich und weich.
Herkunft und Lebensweise: Kommt von Sierra Leone bis Kamerun vor, ist recht häufig in Plantagen und Waldgebieten anzutreffen. Baut das Nest meistens hoch in Palmen, manchmal sind 5–6 Nester in einem Baum. Das röhrenförmige Nest hat eine Einschlupfröhre von 50–80 cm Länge. Die Eier sind rein weiß. Im Nest wird auch außerhalb der Brutzeit geschlafen. Der Schildweber lebt von Insekten.
Haltung: Wurde 1986/87 von T. Pagel gehalten. Bedingungen wie Rotkehl-Prachtweber.

Ibadanweber *(Malimbus ibadanensis)*

Kennzeichen: 17 cm, bis auf rote Stirn, Oberkopf, Nacken, Kehle und Brust schwarz. Auch Schnabel und Augen sind schwarz, Füße schwarzbraun. Beim Weibchen Stirn bis Hinterkopf rot, von dort ein schmales rotes Band um die Vorderbrust. Jungvögel wie Weibchen, doch seine roten Partien bei ihnen mattrotbraun. Der Gesang besteht aus hohen klingelnden und zischenden Lauten.
Herkunft und Lebensweise: Ist nur in der Gegend von Ibadan in Nigeria verbreitet. Im Gegensatz zu den anderen Arten der Gattung *Malimbus* kommt dieser Weber in offenem Gelände vor, und zwar in baum- und buschdurchsetztem Grasland wie auf Plantagen. Der Ibadanweber ist vor allem auf Palmen anzutreffen, von deren Nüssen er in der Hauptsache lebt. Nimmt aber auch Insekten zu sich. Das Nest ist oval und hat eine seitlich angesetzte, lange, herabhängende Einschlupfröhre. Es wird aus Fasern gewebt. Diese Prachtweberart brütet im Mai und Juni.

Cassinweber *(Malimbus cassini),* Abb. 49 Seite 145

Kennzeichen: 17 cm, schwarz, mit Ausnahme von Stirn, Oberkopf, Nacken, vorderem Rücken und der Brust, die rot sind. Augen dunkelbraun, Füße dunkelgraubraun. Weibchen gänzlich schwarz; vom Mohrenweber an den dunkelbraunen Augen zu unterscheiden; der Mohrenweber hat gelbe Augen.
Herkunft und Lebensweise: Bewohnt die Waldgebiete vom Süden Nigerias bis Gabun. Hält sich vor allem in den Baumkronen auf, streift mit anderen Vögeln zusammen aber auch durch niedrigen Unterwuchs, vor allem wenn auf gemeinschaftlicher Nahrungssuche. Ernährt sich vor allem von Insekten. Das Nest wird aus Palmblattstreifen und Fasern hoch an Palmblätter gehängt. Es hat einen bis 1 m langen Einschlupf.
Haltung: Wurde zusammen mit Schildwebern 1986 erstmals eingeführt und von T. Pagel gepflegt.

Kronenweber *(Malimbus coronatus)*

Kennzeichen: 16 cm, Männchen schwarz mit rotem Oberkopf. Weibchen völlig schwarz. Vom Weibchen des Mohrenwebers, das gelbe Augen hat, durch dunkelbraune Augen zu unterscheiden, vom Weibchen des Cassinwebers an der deutlich längeren 1. Handschwinge. Sie ist mindestens halb so lang wie die 2. Handschwinge, beim Weibchen des Cassinwebers jedoch mit 20 mm weniger als halb so lang.

Herkunft und Lebensweise: Bewohnt Waldgebiete von Süd-Kamerun bis zum nördlichen Zaire. Baut ein längliches Nest mit einer etwa 20 cm langen Einschlupföhre.

Rotkehl-Prachtweber *(Malimbus nitens),* auch Rotkehlweber genannt, Abb. 52 Seite 146

Kennzeichen: 17 cm, bis auf einen roten Fleck auf Kehle und Vorderbrust ist dieser Weber schwarz. Nur die Augen sind ebenfalls rot, der Schnabel glänzt stahlblau. Weibchen sind unterseits etwas matter schwarz, die Unterschwanzdecken schwarzbraun. Jungvögel haben im Rot der Brust oft bräunliche Flecke.
Herkunft und Lebensweise: Kommt von Guinea bis Gabun in Westafrika vor, von dort bis zum östlichen Zaire. Lebt von Insekten und Früchten. Baut sein Nest aus verschiedenen Fasern und Blattstreifen, und zwar auf Bäumen, die über Wasserläufe ragen, vorzugsweise auf Palmen. Es hat einen herabhängenden Einschlupf und eine Vorkammer. Die zumeist 2 Eier sind gelblich, grau, grün oder braun mit dunkelgrünen oder braunen Flecken und Stricheln.
Haltung: Wurde 1931 erstmals eingeführt. Wie alle Weber dieser Gattung sehr schwer einzugewöhnen und zu halten, da fast ausschließlich Insekten- und Fruchtfresser. Braucht eine dicht bepflanzte Voliere, viel Wärme und hohe Luftfeuchtigkeit. Ausführlicher Haltungsbericht von T. Pagel befindet sich in den AZ-Nachr., Heft 7/1987.

Haubenweber *(Malimbus malimbicus)* 2 Rassen

Kennzeichen: 18 cm, Oberkopf, Wangen, Halsseiten und Kehle sind karminrot. Die ebenfalls rote Haube ist beim Männchen größer als beim gleich gefärbten Weibchen. Das übrige Gefieder ist schwarz, am Bauch bräunlicher. Bei der Rasse *M. m. nigrifrons* von Sierra Leone bis Nigeria ist auch das Bauchgefieder tiefschwarz. Jungvögel an der Kehle schwarz, höchstens mit Rot durchsetzt. Augen dunkelbraun, Schnabel schwarz, bei Jungvögeln grau. Hat einen hübschen, tief flötenden Ruf und Gesang, aber auch krächzende und sperlingsartige Rufe.
Herkunft und Lebensweise: Lebt vor allem in Westafrika, von Sierra Leone bis Nord-Angola, ostwärts bis West-Uganda. Bewohnt dichten Wald. Baut das Nest mit kurzer Einschlupfröhre hoch in Bäume. Die beiden Eier sind blaß grün und mit matter Oberfläche. Sie tragen braune und graue Flecke. Ernährt sich vor allem von Insekten, auch von Früchten, Knospen und Blüten.
Haltung: Soll schon mehrmals eingeführt worden sein, doch sind Haltungserfolge nicht bekannt geworden.

Rotbauchweber *(Malimbus erythrogaster)*

Kennzeichen: 16 cm, oberseits schwarz, Stirn, Oberkopf, Nacken und Halsseiten sind ziegelrot, Brust, Bauch und Unterschwanzdecken rot. Kehle, Kinn und Gesicht schwarz, ebenso der Schnabel. Augen und Füße dunkelbraun. Weibchen ähnlich gefärbt, doch Kinn und Kehle hellrot, wodurch nur die Kopfseiten schwarz sind.
Herkunft und Lebensweise: Westafrika, von Südost-Nigeria bis Ost-Zaire. Ist Waldbewohner und lebt vor allem von Insekten. Nester einzeln oder in kleinen Kolonien auf hohen Bäumen, manchmal in der Nähe von Greifvogelhorsten.

Gattung Scharlachweber *(Anaplectes)* 1 Art

Scharlachweber *(Anaplectes rubriceps)* 3 Rassen, Abb. 54 Seite 147

Kennzeichen: 15 cm, beim Männchen Schnabel, Stirn, Oberkopf, Nacken, Brust und Säume der Schwungfedern rot. Die Kopfseiten und das Kinn sind schwarz. Bei der Rasse *A. r. rubriceps* aus dem südlichen Teil des Verbreitungsgebiets ist der ganze Kopf und das Kinn ebenfalls rot, die Säume an den Flügel- und Schwanzfedern sind bei ihr gelb. Bauch und Unterschwanzdecken weiß, bei der Rasse *A. r. jubaensis* ist der Bauch rot. Oberseits dunkel braungrau, die Flügeldecken mit weißlichen Säumen. Augen dunkelbraun, Füße braungrau, kein Ruhekleid. Weibchen sind oberseits grau, tragen rote Säume an Flügel- und Schwanzfedern, haben Brust grau, Bauch weiß. Weibchen der Rasse *rubriceps* mehr gelbgrün mit gelben Säumen an den Flugfedern. Jungvögel aller Rassen ebenfalls gelblicher, junge Männchen mehr orangegelb. Läßt übliches Webergeschwätz in sehr hoher Tonlage hören.
Herkunft und Lebensweise: Ist von Senegal bis Äthiopien, südwärts bis Tansania und Nord-Sambia *(A. r. leuconotus)*, im Nordosten Kenias und Süden Somalias *(A. r. jubaensis)*, sowie von Angola bis Mozambique und Nord-Transval *(A. r. rubriceps)* vertreten. Bewohnt lichte Wälder und Plantagen. Hängend und kletternd fängt er seine Insektennahrung. Mag auch gerne Früchte, vor allem Feigen. Das Nest wird in 3–6 m Höhe von den äußersten Zweigen herabhängend angelegt. Es besteht aus Blattfasern und Wurzelfasern und hat einen bis 18 cm langen Einschlupf. Die 2–3 Eier sind glänzend hellblau.
Haltung: Wird nur sehr selten eingeführt. Braucht sorgfältige Eingewöhnung und mehr Wärme als die meisten anderen Weber. Sollte in Zimmervoliere, nur bei sommerlichem Wetter in der Gartenvoliere gehalten werden. Braucht viel Dek-

kung, um sich wohl zu fühlen. Gesträuch und Gebüsch sind darum reichlich ein-
zubringen. Zeigt sich recht friedlich, mit der Zeit auch wenig scheu.
Zucht: Ist bisher noch nicht gelungen.
Ernährung: Vielseitiges Angebot lebender Insekten, auch Weichfutter, Ei und
Früchte wie Äpfel, Birnen, Apfelsinen, Weintrauben, Datteln und Feigen.

Gattung Schwarzohrweber *(Othyphantes)* 4 Arten

Bertramweber *(Othyphantes bertrandi)*

Kennzeichen: 15 cm, beim Männchen Stirn, Oberkopf, Halsseiten, Kehle und die
übrige Unterseite goldgelb. Gesicht, Kinn und obere Kehle sowie ein Nackenband als Trennlinie zwischen gelbem Kopf und grünlichem Rückengefieder
schwarz. Grünlich sind auch Bürzel, Oberschwanzdecken und Schwanz. Flügel
schwärzlich mit gelben Säumen. Schnabel schwarz, Füße bräunlich. Beim Weibchen Schnabel, der gesamte Kopf, Kinn und Kehle schwarz. Nackenband und
Unterseite gelblich, Oberseite grünlich, Schwingen dunkel mit gelblichen Säumen. Jungvögel haben grünliches Kopfgefieder mit Schwarz vermischt, Schnabel
hornbraun.
Herkunft und Lebensweise: Ist in Ostafrika von Tansania bis zum Norden Mozambiques und Malawi verbreitet. Vor allem an Seen, Flußufern und anderen
Gewässern, ebenso an Berghängen mit hohem Gras. Nest rund, vor allem aus
breitblättrigem Gras gewebt, im Gras und Ufergebüsch aufgehängt. Die 2 Eier
sind grün mit rostroten Flecken und Punkten.

Schwarzkinnweber *(Othyphantes nigrimentum)*

Kennzeichen: 15 cm, bei diesem herrlich gelben Weber sind Schnabel, Zügel,
Gesichtsseiten, Kinn und obere Kehle schwarz. Ebenfalls schwarz sind Rücken,
Schultern und die Flügel, wobei Flügeldecken und Schwingen breite gelbe Säume
tragen. Der Schwanz ist olivgrün, Oberschwanzdecken und Bürzel sind gelbgrün,
ebenso die Augen. Die Füße sind mattbraun. An Stirn und Kehle ist das Gelb
rostbraun getönt. Das Weibchen des Schwarzkinnwebers ist ähnlich leuchtend
gelb und schwarz gezeichnet, hat aber den ganzen Kopf und den Nacken schwarz,
so daß die Oberseite vom Schnabel bis zum Bürzel durchgehend schwarz erscheint.
Herkunft und Lebensweise: Lebt in Angola und am Unterlauf des Kongos. Lebt

64

im Wald und an Waldrändern. Ernährt sich von Insekten, Früchten, aber auch von Sämereien.

Bannermanweber *(Othyphantes bannermani)*

Kennzeichen: 15 cm, Schnabel, Wangen, Kinn und obere Kehle schwarz. Stirn orangegelb, Oberkopf, Halsseiten, Kehle, Brust und restliche Unterseite leuchtend gelb. Oberseite vom Nacken bis einschließlich Schwanz olivgrün. Füße bräunlich. Ruft scharf „pritt".
Herkunft und Lebensweise: Kommt im Westen Kameruns im Hochland vor. Lebt auf Lichtungen und an Waldrändern und ernährt sich hauptsächlich von Insekten.

Baglafechtweber *(Othyphantes baglafecht)* 9 Rassen

Kennzeichen: 15 cm, Männchen im Brutkleid hat vom schwarzen Schnabel große schwarze Wangenflecke, die die Augen umschließen. Leuchtend gelb sind Stirn und Oberkopf. Die restliche Oberseite ist grün, die Unterseite gelb, Bauchmitte weiß. Dem Weibchen fehlen die schwarzen Wangenflecke, Stirn grünlich, Füße fleischfarben. Im Ruhekleid beide Geschlechter sperlingsartig gezeichnet. Schnabel dann schiefergrau. Bei der Rasse Reichenowweber *(O. b. reichenowi)* haben Männchen und Weibchen Rücken, Flügel und Nacken schwarz, das Weibchen sogar den gesamten Oberkopf und Kopfseiten. Diese Rasse soll kein Ruhekleid tragen. Stimme recht schrill und schilpend, der Gesang krächzend.
Herkunft und Lebensweise: Ist in Kamerun, ferner vom Süd-Sudan und Nord-Äthiopien durch Ostafrika bis Malawi und dem Nordosten Sambias beheimatet. Ist recht häufig an Berghängen mit hohem Gras und Gebüsch anzutreffen, an Waldrändern, auf Lichtungen, Plantagen, Feldern und in Ortschaften. Das ovale Nest mit hoch seitlichem Einschlupf wird vor allem in Büschen angelegt. Es wird aus schmalen Gräsern gebaut und mit Grasrispen gepolstert. Eizahl 1–2, sie sind blaugrün bis hellrosa mit braunen Flecken.
Haltung: Ist mehrfach in verschiedenen Rassen eingeführt worden. Gut in der Voliere zu halten. Zeigt sich recht friedlich gegenüber gleichgroßen Vögeln. Kann im Sommerhalbjahr auch in die Gartenvoliere gelassen werden.
Zucht: Ist lt. Nachzuchtstatistik der AZ 1989 gelungen. Das Nest wird in Gebüschen und Ginstergestrüpp gebaut.
Ernährung: Neben Hirse und Glanz, vor allem gekeimt, sind Grünes, süße Früchte und Insekten zu reichen.

Gattung Steppenweber *(Textor)* 29 Arten

Mohrenweber *(Textor nogerrimus)* 2 Rassen, Abb. 57 Seite 148
Eigentlicher Mohrenweber *(T. n. nigerrimus)*
Fuchsweber *(T. n. castaneofuscus)*

Kennzeichen: 17 cm, bei der Rasse Mohrenweber ist das Männchen gänzlich schwarz und hat weißlichgelbe Augen. Bei der Rasse Fuchsweber sind Rücken, Bürzel, Oberschwanzdecken, Bauch, Flanken und Unterschwanzdecken kastanienbraun. Auch er hat blaßgelbe Augen. Die Weibchen beider Rassen sind etwa gleich gefärbt, oberseits dunkel olivgrün mit schwärzlichen Längsstreifen, unterseits gelblicher. Jungvögel sind ähnlich gefärbt. Läßt Kreischen und Schwatzen hören.

Herkunft und Lebensweise: Die Rasse Fuchsweber kommt in Westafrika von Senegal bis Nigeria vor, während die Rasse Mohrenweber von Nigeria bis Nord-Angola und West-Kenia beheimatet ist. Gesellig. Brütet mit anderen Webern, vor allem mit dem Textorweber, in gemeinsamen Kolonien, meistens in der Nähe von Dörfern. Das Nest ist birnenförmig und hängt von den äußeren Zweigen der Bäume herab. Einflug von unten ins Nest. Die 2–3 Eier sind blau, manchmal mit kleinen rötlichen Flecken am stumpfen Ende. Lebt von Sämereien, Früchten und Insekten.

Haltung: Ist nur mit anderen größeren Vögeln in einer großen Voliere zu vergesellschaften, am besten in einem Vogelhaus mit anschließender Gartenvoliere. Baut fleißig Nester in Birkengezweig und hoch aufgehängtem Ginstergestrüpp.
Zucht: Ist schon öfter gelungen. Brütete jedoch unruhig und verläßt Gelege und Junge leicht. Viel tierische Nahrung ist zur Aufzucht der Jungen notwendig.

Weynsweber *(Textor weynsi)*

Kennzeichen: 16 cm, das Männchen ist vom Schnabel über Kopf, Kinn, Kehle bis zur Vorderbrust und dem Rücken schwarz. Die Flügel sind schwärzlich mit gelben Säumen, Bürzel grünschwarz, Schwanz grün. Flanken und Seiten der Brust kastanienbraun, Brust- und Bauchmitte gelb, Füße bräunlich. Wechselt in kein Ruhekleid. Weibchen Oberseite olivgrün, auf Rücken und Flügeln mit schwärzlichen Streifen, Schwanz grün. Unterseits grünlichgelb, Bauchmitte weißlich, Flanken grün. Schnabel schwarz. Jungvögel matter und olivbräunlicher, Schnabel hornfarben. Läßt recht lautes Weberschwatzen hören.
Herkunft und Lebensweise: Ist von Nord-Zaire bis Süd-Uganda und Nordwest-

Tansania verbreitet. Hält sich in Wäldern auf und brütet in kleinen Kolonien. Ernährt sich von Insekten und Früchten, vor allem von Feigen.

Golandweber *(Textor golandi)*

Kennzeichen: 15 cm, schwarz sind Kopf, Rücken, Kinn und Kehle, ferner Flügeldecken und Schwingen, erstere mit bräunlicher Binde, letztere mit grünen Säumen. Grün sind auch Bürzel, Oberschwanzdecken und der Schwanz. Brust, Bauch und Unterschwanzdecken sind gelb, Schnabel schwarz, Augen rotbraun, Füße dunkel fleischfarben.
Herkunft und Lebensweise: Der Golandweber bewohnt das Küstengebiet Kenias, und zwar Palmhaine, Mangrovenwald und Gebüsch. Er ernährt sich vor allem von Insekten.

Maronenweber *(Textor rubiginosus)*, auch Rotbrauner Weber genannt, 2 Rassen, Abb. 12 Seite 69

Kennzeichen: 16 cm, beim Männchen Schnabel, Kopf, Kinn und Kehle schwarz, restliches Gefieder rotbraun. Schwingen und Flügeldecken schwärzlich mit weißgelben Säumen. Augen rotbraun, Füße fleischfarben. Weibchen oberseits hell graubraun mit dunkler Längsstreifung. Weißlicher Überaugstreif. Unterseits gelblichbraun, zur Bauchmitte weißlich. Männchen im Ruhekleid ähnlich, Jungvögel mehr rotbraun. Stimme schwatzend und kreischend.
Herkunft und Lebensweise: Die Rasse *T. r. rubiginosus* ist von Nord-Äthiopien und Somalia bis Nord-Tansania beheimatet, die Rasse *T. r. trothae* in Süd-Angola und dem Norden Südwest-Afrikas. Lebt sehr gesellig. Streift außerhalb der Brutzeit weit umher. Brütet in Dornbusch-Savannen, zumeist auf Akazien. Die Männchen hält es nur zur Paarung und zum Nestbau in der Kolonie. Noch bevor die Jungen schlüpfen, ziehen sie schon wieder zu ihrem Nomadenleben fort. Die Weibchen ziehen die Jungen fast ausschließlich mit Insekten auf. Sonst verzehren diese Weber auch Sämereien und fallen in oft großen Schwärmen in Weizenfeldern ein.
Haltung: Wird hin und wieder im Handel angeboten. Ist sehr stürmisch und zur Brutzeit aggressiv, weshalb er sich nur für die gemeinsame Haltung mit gleichstarken Vögeln in einer großen Gartenvoliere mit angeschlossener Innenvoliere eignet.
Zucht: Ist noch nicht gelungen, wenn auch schon Nester gebaut wurden.
Ernährung: Wie Textorweber.

Spekeweber *(Textor spekei)*

Kennzeichen: 15 cm, ein gelber Weber mit schwarzem Schnabel, schwarzen Gesichtsseiten und schwarzem Kinn. Rücken und Flügel dunkel mit olivgelblichen Säumen, Bürzel und Oberschwanzdecken olivgelb, Schwanz grünlichschwarz, Augen orangegelb, Füße fleischfarben. Legt kein Ruhekleid an. Weibchen ist olivbräunlich und dunkel gestreift oberseits, gelblichbraun unterseits, zur Bauchmitte hin weißlich. Gesichtsseiten olivgrüngrau. Jungvögel dem Weibchen ähnlich. Schwatzt laut und ruft scharf „piet".

Herkunft und Lebensweise: Kommt von Somalia und Süd-Äthiopien durch Kenia bis Nordost-Tansania vor. Lebt in Buschwäldern, an Gewässern, auch auf Kulturland und in Dörfern. Ernährt sich von Sämereien und Insekten. Baut ein recht unordentliches Nest, das er stiellos mit der Oberseite an Geäst aufhängt. Die 2–3 Eier sind blau mit wenigen schwarzen Flecken.

Seite 69

Abb. 11. Schwarzkopfweber, Männchen der Nominatform (s. Seite 75)
Abb. 12. Maronenweber, Weibchen (s. Seite 67)
Abb. 13. Schwarzkopfweber, Männchen der Rasse Textor m. fischeri (s. Seite 75)

Seite 70

Abb. 14. Dotterweber, Männchen (s. Seite 78)
Abb. 15. Gilbweber, Männchen (s. Seite 78)
Abb. 16. Dotterweber, Weibchen (s. Seite 78)

Seite 71

Abb. 17. Bayaweber, Weibchen (s. Seite 93)
Abb. 18. Bayaweber, Männchen (s. Seite 93)
Abb. 19. Goldweber, Männchen (s. Seite 83)
Abb. 20. Zwergweber, Männchen (s. Seite 89)

Seite 72

Abb. 21. Kardinalweber, Männchen (s. Seite 101)
Abb. 22. Rotkopfweber, Männchen (s. Seite 102)
Abb. 23. Madagaskarweber, Weibchen und Männchen (s. Seite 100)

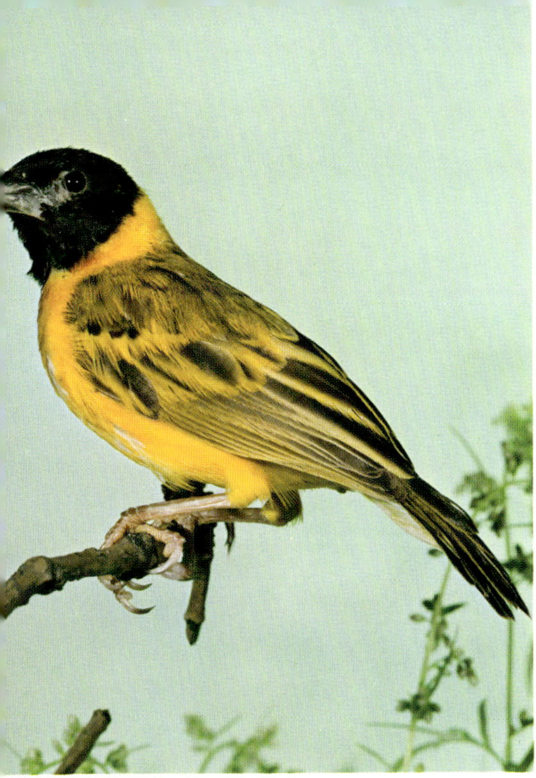
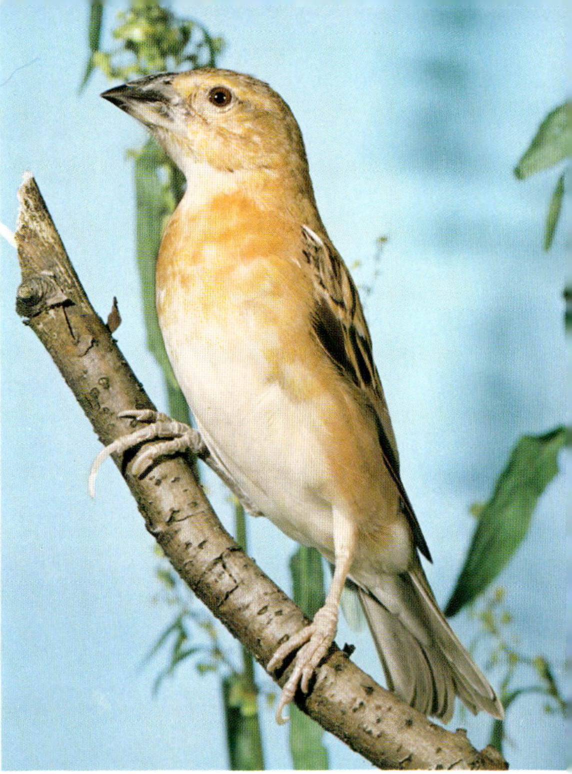
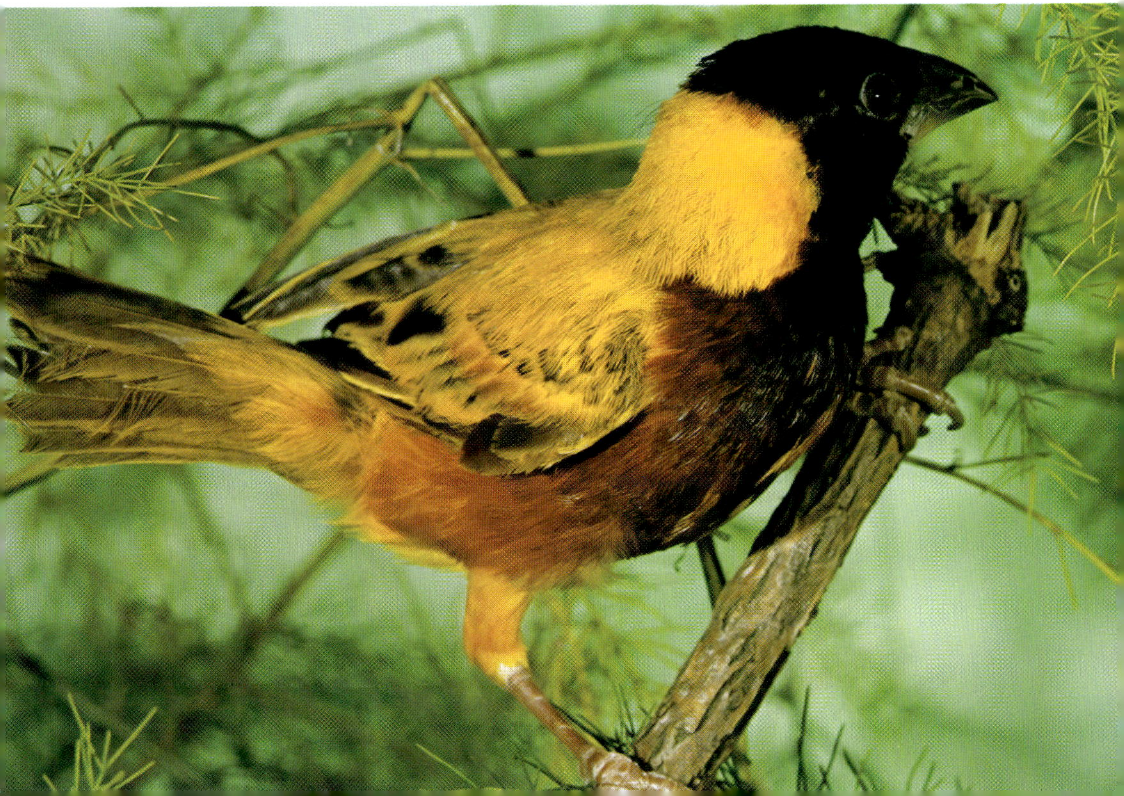

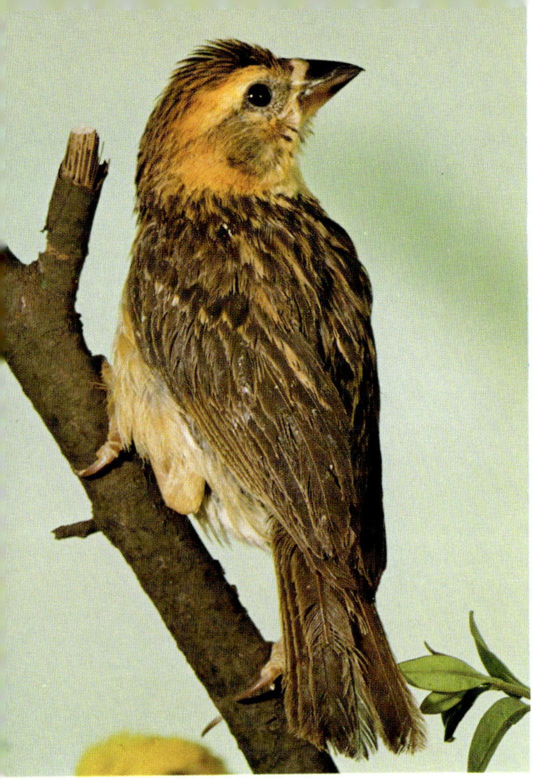
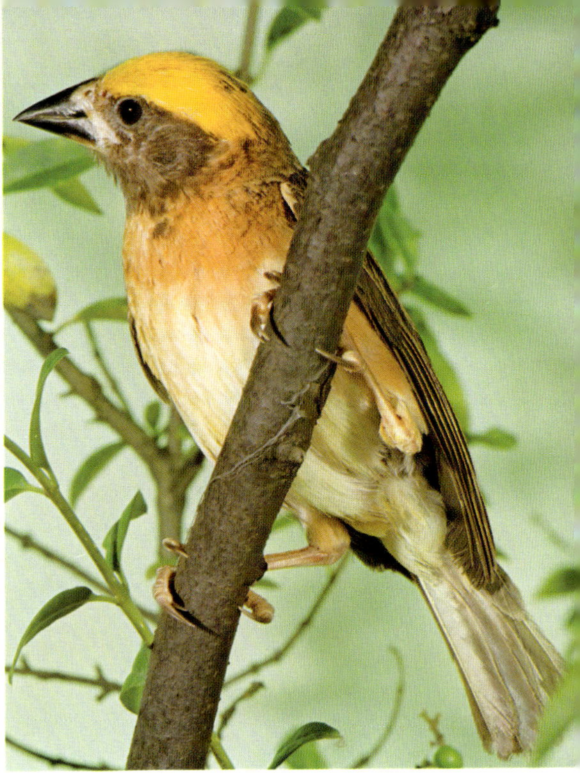
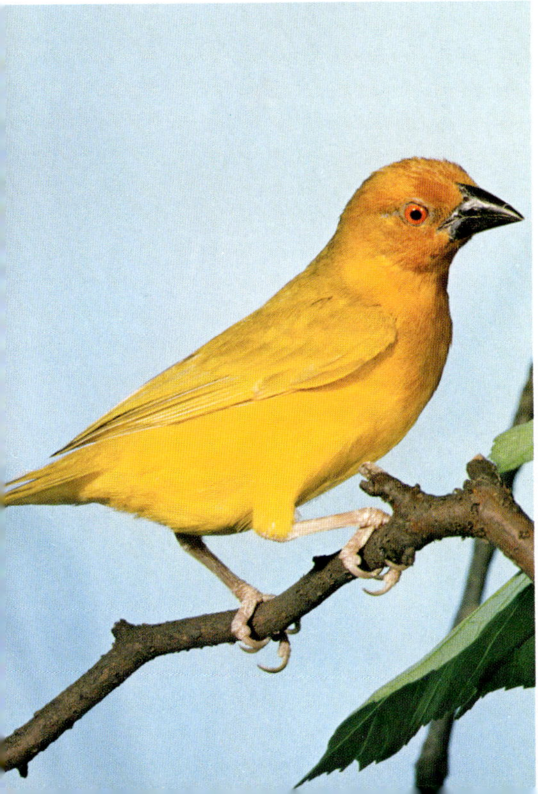
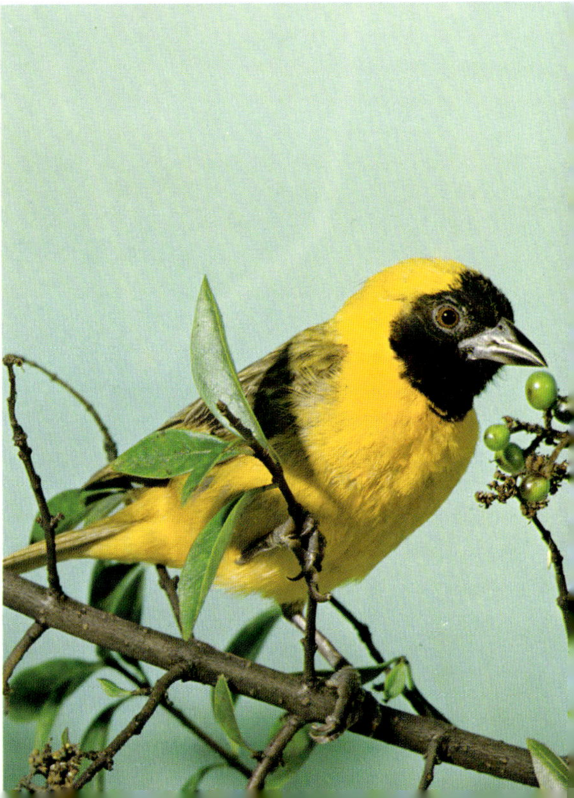

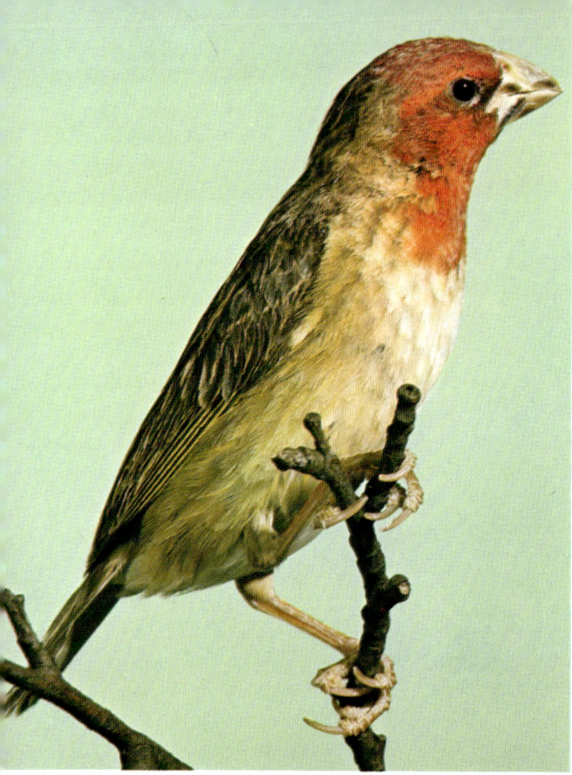
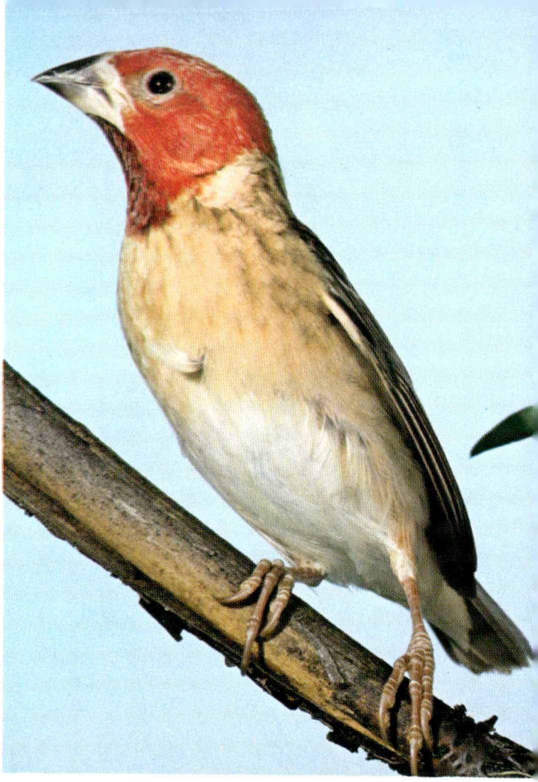
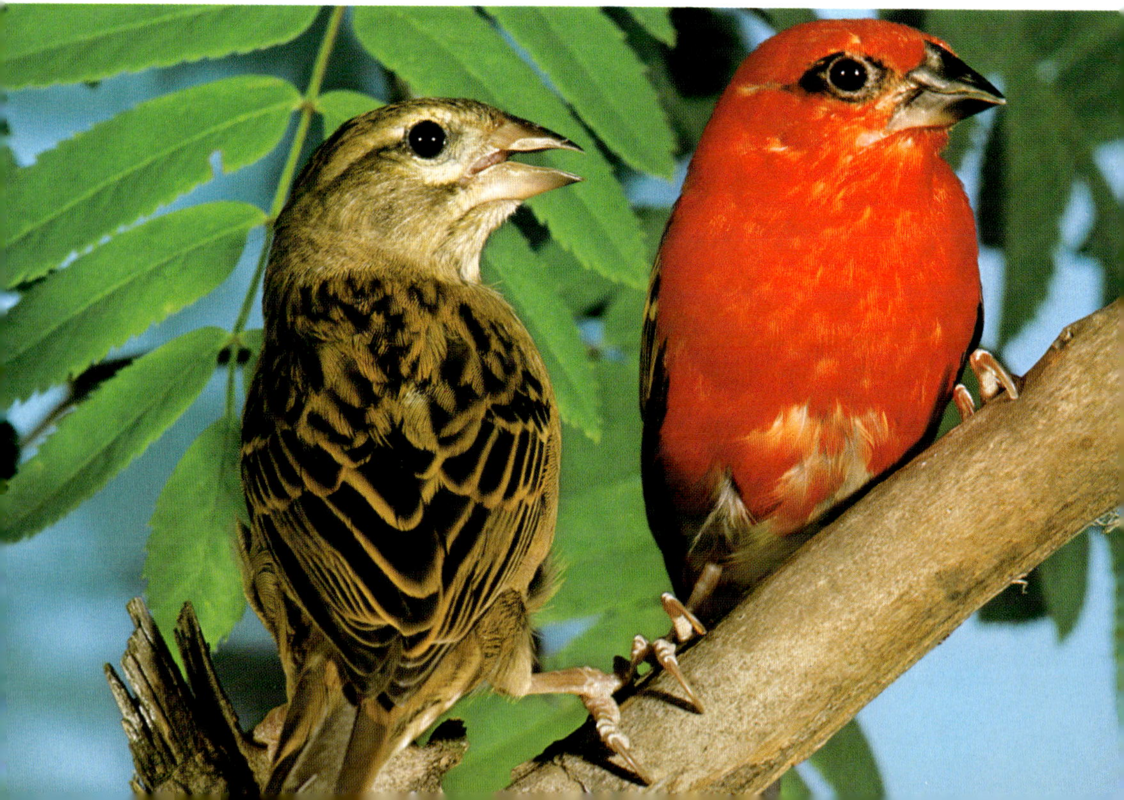

Haltung: Wurde 1925 zum ersten Mal eingeführt, seitdem nur hin und wieder in kleiner Zahl. Der Spekeweber ist nur für eine große Voliere geeignet und kann nach der Eingewöhnung für das Sommerhalbjahr auch in die Gartenvoliere gebracht werden.

Foxweber *(Textor spekeoides)*

Kennzeichen: 14 cm, sieht dem Spekeweber *(T. spekei)* sehr ähnlich, von dem er wahrscheinlich nur eine Rasse ist. Nur sind beim Foxweber Flügel und Schwanz kürzer. Das Weibchen ist oberseits dunkler und fleckiger, unterseits gelber als das Weibchen des Spekewebers.

Herkunft und Lebensweise: Ist im Norden Ugandas beheimatet. Brütet vor allem in der Nähe von Gewässern. Baut sein Nest am liebsten an Gezweig, das über das Wasser ragt. Sonst wie Spekeweber.

Textorweber *(Textor cucullatus),* auch Dorfweber oder Großer Textor genannt, Abb. 9 und 10 Seite 52

10 Rassen, die nach ihrem recht unterschiedlichen Aussehen in 3 Rassengruppen eingeteilt werden können:

A. Mit schwarzem Scheitel, schwarzer V-Zeichnung auf dem Rücken und viel Kastanienbraun im Gefieder, die eigentlichen Textorweber:
   T. c. cucullatus
   T. c. abyssinicus
   T. c. bohndorffi
   T. c. frobenii
B. mit schwarzem Scheitel und geschupptem Rücken, die Großen Masken- oder Layardweber:
   T. c. nigriceps
   T. c. collaris (Halsbandweber)
   T. c. graueri
   T. c. paroptus
C. mit gelbem Scheitel und geschupptem Rücken, die Gelbscheitelweber:
   T. c. spilonotus
   T. c. dilutescens

Kennzeichen: 17 cm, schwarzer Kopf, bei der Rassengruppe A Hinterkopf kastanienbraun bis gelb; bei der Rassengruppe B reicht das Schwarz bis in den Nacken; bei der Rassengruppe C sind Stirn und Oberkopf gelb. Rücken goldgelb und schwarz geschuppt, außer bei der Rassengruppe A, die auf dem gelben oder orangebraunen Rücken eine schwarze V-Zeichnung trägt. Die Rasse Halsband-weber hat eine kastanienbraune Brust, die übrigen Rassen eine mehr oder weni-ger gelbe bis orangebraune. Das Schwarz von Kinn und Kehle verläuft keilförmig in das Brustgefieder. Das übrige Gefieder der Unterseite ist leuchtend gelb, Bür-zel, Oberschwanzdecken und Schwanz unterschiedlich, von gelb bis olivgrün-lich-schwarz. Flügeldecken und Flügel schwarz, mit schmalen oder breiten gelben Säumen. Schnabel schwarz, Augen rot, bei der Rasse Halsbandweber gelb, Füße bräunlich fleischfarben. Männchen im Ruhekleid, Weibchen und Jungvögel oberseits olivgrün bis braun, auf Rücken und Flügeldecken dunkel längsgestreift, unterseits gelblich bis weiß, Weibchen zur Brutzeit kräftiger gelb. Stimme ist kreischend, quietschend und laut schnarrend.

Herkunft und Lebensweise: Von Senegal bis Äthiopien, Zaire, Uganda und West-Kenia sind die Rassen der Gruppe A verbreitet, von Süd-Somalia und Ost-Kenia durch Tansania bis zum südlichen Zaire, Sambia und Mozambique die Rassen der Gruppe B, die Rasse Halsbandweber kommt von Angola bis Gabun vor, während die Rassen der Gruppe C von Süd-Mozambique bis zur östlichen Kapprovinz beheimatet sind. Ferner sind Textorweber auf Haiti, São Tomé, Mauritius und Réunion eingebürgert worden. Lebt oft in größeren Kolonien in Dörfern oder in der Nähe von Dörfern. Brütet gern auf Affenbrotbäumen (Baobab), aber auch auf Palmen und anderen Bäumen, in Gebüsch und sogar zwischen hohen, starken Gräsern. Ist an Ufern, Waldrändern, in der Savanne und an der Küste anzutreffen. Das Nest ist rundlich und wird aus Gräsern, Palmblatt-streifen und Fasern hergestellt und mit Rispen gepolstert. Die zumeist 3 Eier können sehr verschieden gefärbt sein, von weiß über rosa bis blaßblau, braun ge-fleckt oder einfarbig sein. Lebt vor allem von Sämereien, wobei auch Getreide-, Reis- und Hirsefelder nicht verschont werden. Nimmt auch süße Früchte und zur Aufzucht der Jungen viele Insekten auf.

Haltung: Die meisten Rassen werden oder wurden regelmäßig in großer Zahl eingeführt. Ist leicht einzugewöhnen und sehr widerstandsfähig. Kann auch im Winter in die Gartenvoliere gelassen werden, wenn er jederzeit einen mäßig war-men Innenraum aufsuchen kann. Ist nur für die große Voliere geeignet, in der er mit gleichgroßen Vögeln zusammen gehalten werden kann. Gegenüber kleine-ren Arten zeigt er sich oft unduldsam, vor allem in der Brutzeit. Männchen baut unablässig Nester. Für geeignetes Geäst muß gesorgt werden.

Zucht: Ist schon öfter gelungen, auch mit Vögeln der verschiedenen Rassen un-tereinander. Die Brutzeit beträgt 14 Tage, die Jungen fliegen nach 21 Tagen aus. Das Brüten und die Fütterung der Jungen wird überwiegend oder ganz vom

74

Weibchen besorgt, während das Männchen das Nest bewacht und an ihm baut. *Ernährung:* Neben großkörnigen Hirsesorten und Glanz sind Nackthafer und Weizen, alles auch gekeimt, ferner geschälter Hafer und viel Grünes anzubieten. Süße Früchte werden gern genommen. Zur Aufzucht der Jungen Mehlwürmer, Wachsmottenraupen, Heimchen, Weichfutter, letzteres mit hartgekochtem Ei, Sittich-Gold S, Honig und Fruchtbrei (Babynahrung) vermischt, so daß es etwas feucht, aber krümelig ist.

Riesenweber *(Textor grandis)*

Kennzeichen: 21 cm, Schnabel, Kopf und Kehle schwarz, Flügel und Schwanz schwarzbraun mit geboliven Säumen. Rücken olivgelb, Bürzel und Oberschwanzdecken gelb, ebenso die Unterseite. Nacken, Halsseiten, Brust und Flanken mehr oder weniger rotbraun überflogen. Augen rotbraun, Füße braun. Weibchen oberseits grünlich-braun mit dunkler Längsstreifung, unterseits gelblichweiß, an Brust und Flanken bräunlicher.

Herkunft und Lebensweise: Lebt auf der westafrikanischen Insel São Tomé. Ist dort vor allem auf hohen Palmen anzutreffen, in deren Wipfeln er sein großes Nest baut, und von deren Früchten er sich in der Hauptsache ernähren soll. Das Nest wird aus dünnem Gezweig und Palmblättern gebaut. Die zumeist 3 Eier sind von bläulicher Farbe. Junge werden mit Insekten gefüttert.

Haltung: Ist nur gelegentlich eingeführt und vor allem in zoologischen Gärten gehalten worden. Eignet sich nur für eine sehr große Voliere und darf nur mit größeren Vögeln vergesellschaftet werden.

Zucht: Nach der AZ-Statistik wurde er 1989 erfolgreich nachgezogen.

Ernährung: Wie Textorweber, doch überwiegend Früchte und Insekten.

Schwarzkopfweber *(Textor melanocephalus)*, auch Kleiner Textor genannt, 4 Rassen, Abb. 11 und 13 Seite 69

Kennzeichen: 15 cm, Schnabel, Kopf bis Mitte des Hinterkopfes, Kinn und Kehle schwarz. Flügeldecken und Schwingen schwarzbraun mit gelben bis gelbgrünen Säumen. Nacken rein gelb, Rücken olivgelb, ebenso Bürzel und Oberschwanzdecken, Schwanz dunkler olivgrün. Bei den Rassen *T. m. melanocephalus, T. m. capitalis* und *T. m. duboisi* ist die ganze Unterseite leuchtend gelb, nur an den Kehlseiten etwas rotbraun getönt. Bei der Rasse *T. m. fischeri* sind Brust und Flanken kastanienbraun, Bauchmitte, Unterschwanzdecken und Schenkel jedoch auch gelb. Augen schwarzbraun, Füße bräunlich fleischfarben. Weibchen und Männchen im Ruhekleid sowie Jungvögel oberseits bräunlich, schwarzbraun längsgestreift. Bauch und Unterschwanzdecken weißlich, Brust und Flanken blaß rostbraun. Kopf, Oberschwanzdecken und Schwanz grünlich. Krächzende, schnarrende und quietschende Laute.

Herkunft und Lebensweise: Ist von Senegal bis Uganda, West-Kenia, Nordwest-Tansania und Nord-Sambia verbreitet, wobei die Rasse mit der kastanienbraunen Brust *(T. m. fischeri)* Uganda und die genannten Teile Kenias und Tansanias bewohnt. Hält sich fast ausschließlich in Wassernähe auf, auch in Mangrovensümpfen. Baut das Nest zwischen den Halmen oder in Gebüsch. Die 2 Eier sind grün und haben braune Flecke. Ernährt sich von Sämereien und Insekten.

Haltung: Ist meistens in kleiner Zahl unter den Weber-Importen zu finden. Stellt keine großen Ansprüche, ist unempfindlich und daher, außer bei Frost, auch in die Gartenvoliere zu lassen. Zeigt sich verträglicher als die meisten anderen Weber seiner Größe. Schilf, Ginster und Bambus sind in die Voliere einzubringen.

Zucht: Ist im Zoo Wuppertal von 1975 bis 1978 mehrfach gelungen, ferner privaten Vogelliebhabern (AZ-Statistik 1986).

Ernährung: Wie Textorweber.

Kassalaweber *(Textor dimidiatus)*

Kennzeichen: 15 cm, Schnabel, Kopf bis zum Nacken schwarz, Rücken, Flügeldecken und Schwingen dunkel mit gelben Säumen, Nacken und Bürzel gelb, Schwanz olivgrün. Brust kastanienbraun, ebenso die Flanken, Bauch und Unterschwanzdecken gelb. Außerhalb der Brutzeit Kopf olivgelb, Überaugstreif gelb. Oberseite braun, auf Rücken und Flügeldecken grob schwarz gefleckt. Unterseite weißlich, an Brust und Flügeldecken bräunlich, an Kinn, Kehle und Brust gelblich. Oberschnabel dann schwärzlich, Unterschnabel hornfarben. Weibchen und Jungvögel ähnlich gefärbt. Stimme ziemlich laut kreischend.

Herkunft und Lebensweise: Ist nur im Gebiet um Kassala im östlichen Sudan beheimatet. Bildet große Kolonien in der Dornbusch-Savanne, wo die nierenförmigen Nester stiellos an Bäumen, Büschen, zwischen Gras oder Schilf aufgehängt werden. Die zumeist 2 Eier können weiß, rosa, grünlich oder bläulich sein, mit oder ohne rötliche Flecke. Die Nahrung bilden Grassamen und Insekten.

Jacksonweber *(Textor jacksoni),* Abb. 7 Seite 51

Kennzeichen: 15 cm, Männchen zur Brutzeit mit grauschwarzem Schnabel, schwarzem Kopfgefieder, das bis in den Nacken und bis zur Kehle reicht. Rücken,

Bürzel, Oberschwanzdecken und Schwanzfedern gelb, große Flügeldecken und Schwungfedern schwarz mit gelben Säumen. Unterseite kastanienbraun, Schenkel und Unterschwanzdecken gelb, letztere mit Kastanienbraun vermischt. Augen rot, Füße bräunlich. Weibchen, Männchen im Ruhekleid und Jungvögel oberseits olivbräunlich, auf Rücken und Flügeln durch schwärzliche Federmitten gestreift erscheinend. Kinn und Kehle gelb, zur Brust hin graugelb, Bauch und Unterschwanzdecken weißlich. Augen beim Weibchen orange, kleiner, rein gelber Überaugstreif, Füße fleischfarben. Ruft leise „dück" und „tschick", Männchen singt krächzend.

Herkunft und Lebensweise: Ist vom Süden des Sudans über Uganda, West-Kenia bis zum Innern Tansanias verbreitet. Lebt sehr gesellig in der Nähe von Seen, Sümpfen und Flüssen. Baut sein ovales Nest in Bäumen und Büschen über dem Wasser, auch zwischen Schilf und Gräsern, in kleinen und größeren Kolonien. Zumeist 2–3 blaugrüne Eier, die rostbraune Punkte und Flecke aufweisen. Ernährt sich vor allem von Grassamen, Hirse und Getreide, zur Brutzeit auch von Insekten.

Haltung: Wurde seit 1928 hin und wieder eingeführt. Ist recht leicht einzugewöhnen und in Volieren gut zu halten. Gleichgroßen Vögeln gegenüber einigermaßen verträglich. Männchen baut das Nest in dichtes Gezweig.

Zucht: Scheint noch nicht gelungen zu sein.

Ernährung: Große Hirsesorten, Glanz, Weizen, auch gekeimt, geschälter Hafer, Grünes, süßes Obst und Mehlwürmer, Fliegenmaden und anderes Lebendfutter. Bei mir nehmen die Vögel auch hartgekochtes Ei, mit Sittich-Gold S und anderen Zutaten vermischt an.

Schulterstreifenweber *(Textor badius)* 2 Rassen

Kennzeichen: 14 cm, Schnabel, Kopf bis Kehle schwarz. Oberseits goldgelb mit Zimtbraun gefleckt. Flügeldecken streifig dunkelbraun und olivgrün, Schwingen und Schwanz dunkel mit hellgrünen bis gelben Säumen. Unterseite gelb mit bräunlichem Anflug.

Herkunft und Lebensweise: Ist im Osten und Süden des Sudans beheimatet. Bildet Kolonien und ernährt sich von Sämereien und Insekten.

Haltung: Ist nur ganz selten eingeführt worden. Über die Pflegeansprüche ist nichts bekannt geworden.

Braunkopfweber *(Textor dicrocephalus)*, auch Gelbrückenweber genannt

Kennzeichen: 14 cm, ähnelt dem Schwarzkopfweber, hat jedoch dunkel kastanienbraunen Kopf, hellen, kastanienbraunen Nacken und Halsseiten, ferner bräunlich gelbes Kinn- und Kehlgefieder. Das Weibchen hat Kopfseiten, Nacken, Kinn und Kehle hellgelb. Sonst sieht es dem des Schwarzkopfwebers ähnlich. Männchen im Ruhekleid wie Weibchen.
Herkunft und Lebensweise: Ist von Südost-Äthiopien über Süd-Somalia bis Nordost-Kenia verbreitet. Über seine Lebensgewohnheiten ist nichts bekannt.

Gilbweber *(Textor galbula)*, auch Pirolweber genannt, Abb. 15 Seite 70

Kennzeichen: 14 cm, Schnabel schwarz, Stirn, vorderer Oberkopf, Gesichtsseiten und Kinn kastanienbraun. Oberkopf, Nacken, Halsseiten und Unterseite leuchtend gelb. Rücken gelboliv, Flügel und Schwanz schwärzlich mit gelben Säumen. Im Ruhekleid Kopf und Gesicht grünlichgelb. Schnabel dann grauschwarz, Augen orangerot, Füße fleischfarben. Weibchen oberseits bräunlichgrau, auf Rücken und Flügeldecken gestreift. Bürzel, Oberschwanzdecken und Schwanz olivgrün. Kinn, Kehle und Brust hellgelb, restliche Unterseite weiß. Schnabel hornbraun. Jungvögel sind noch bräunlicher. Stimme ziemlich schrill.
Herkunft und Lebensweise: Ist im östlichen Sudan, in Äthiopien, Nord-Somalia und im Südwesten Arabiens verbreitet. Lebt in oft großen Schwärmen in offenem Gelände, gern in Wassernähe. Brütet auf Akazien und anderen Bäumen kolonieweise. Auch sehr häufig auf Kulturland, in Dörfern und Gärten. Das Nest wird aus Gräsern und Blättern birnenförmig gebaut und hat einen seitlichen Eingang mit kurzer Röhre. Zumeist 3 Eier, rosaweißlich, hellgrün oder hellblau, mit oder ohne braune, schwarze und violette Flecken. Nahrung Grassamen, Getreide, zur Aufzucht auch Insekten.
Haltung: Nicht häufig eingeführt. Leicht einzugewöhnen. Nach meiner Erfahrung recht friedlich gegenüber Mitbewohnern der Voliere. Kann in der Gartenvoliere gehalten werden, winters im mäßig geheizten Innenraum.
Ernährung: Wie Textorweber.

Dotterweber *(Textor vitellinus)*, auch Dottergelber Weber genannt, 2 Rassen, Abb. 14 und 16 Seite 70

Kennzeichen: 14 cm, wie Gilbweber, doch ist die Gesichtsmaske nicht kastanienbraun, sondern schwarz. Auch dem Cabanisweber sehr ähnlich, doch reicht das Schwarz an der Stirn nicht bis in Augenhöhe, und an der Kehle nicht so tief und spitz auslaufend wie bei jenem. Ferner hat der Dotterweber orangerote Augen, der Cabanisweber gelbe. Weibchen oberseits olivgrüngelb und längsgestreift, unterseits weißlich, an der Brust gelblicher. Stimme ein kreischendes, knatterndes und zischendes Geschwätz.

Herkunft und Lebensweise: Senegal bis Süden Äthiopiens, Somalia und Norden Tansanias. Lebt in der Dornbusch-Savanne. Bildet meistens keine großen Brutkolonien. Baut das Nest aus Grasblättern. Es ist etwas oval, keine Einflugröhre. Die 2–3 Eier sind weiß bis hellblau und tragen unterschiedliche rote bis violette Zeichnungen. Außerhalb der Brutzeit in oft größeren Schwärmen.

Haltung: Ist einer der bekanntesten und am häufigsten gepflegten Weber. Genügsam, friedlich und bald sehr zutraulich. Bei mir nahm ein Pärchen Mehlwürmer aus der Hand. Kann im großen Bauer gehalten werden, doch ist die Unterbringung in der Voliere besser. Außer im Winter auch gut für die Gartenvoliere. Baut ständig Nester, oft allerdings nicht fertig.

Zucht: Ist schon mehrfach gelungen. Das Weibchen brütet 12–14 Tage lang, die Jungen fliegen nach etwa 21 Tagen aus. Nimmt zum Nestbau nicht so gerne Grashalme, sondern die Blätter weicher Gräser. Zur Polsterung werden feinere Gräser und sogar Federn genommen.

Ernährung: Wie Textorweber, zur Brutzeit besonders viel tierische Nahrung.

Heuglinweber *(Textor atrogularis)* 2 Rassen

Kennzeichen: 14 cm, Schnabel, Wangen, Kinn und Kehle schwarz. Stirn, Oberkopf und die Unterseite goldgelb, auf der Brust etwas rötlichbraun. Oberseite olivgrün ohne Streifung, die dunklen Flugfedern mit gelben Säumen. Weibchen matt olivgrün, unterseits gelblichgrün. Gesang laut kreischend und schnarrend.

Herkunft und Lebensweise: Kommt von Senegal und Kamerun bis zum Sudan und dem Nordwesten Kenias vor. Brütet in Kolonien, und zwar häufig in der Nähe von Greifvogelhorsten, Wespennestern und Ortschaften. Er baut ein großes Nest aus Gräsern, das beutelförmig von den Zweigen zumeist hoher Bäume hängt. Die Eier sind bläulichgrün mit braunen Flecken.

Haltung: Ist wenige Male eingeführt worden, doch liegen keine Pflegeberichte vor. Unterbringung und Ernährung wie die meisten Weber dieser Gattung.

Maskenweber *(Textor velatus),* auch Schwarzstirnweber genannt, 7 Rassen

Kennzeichen: 16 cm, Stirn, Gesichtsseiten, Kinn und Kehle schwarz. Oberkopf orange, Nacken und Unterseite gelb, Brust etwas orange überhaucht. Rücken und Flügeldecken gelblichgrün mit schwarzer Längsstreifung. Schwingen schwärzlich mit gelben Säumen. Schnabel schwarz, Augen orange, Füße braun. Im Ruhekleid olivgelb mit schwarzbraunen Streifen oberseits, Bürzel und Schwanz matter gelb als im Brutkleid. Unterseits gelblichweiß. Weibchen ähnlich, doch grauer, zur Brutzeit nicht weißlich unterseits, sondern leuchtend gelb. Jungvögel sehen dem Weibchen ähnlich. Hat eine laute Stimme, die schwatzend und zischend ist.

Herkunft und Lebensweise: Kommt in Südafrika vor, nordwärts bis Mittel-Mozambique, Süd-Malawi, Ost- und Süd-Sambia und Angola. Ist in großen Schwärmen, besonders im Flachland und in der Nähe von Gewässern und auf Kulturland, anzutreffen. Nistet vor allem im Schilf und hohen Gras, aber auch im Gebüsch und auf Bäumen. Das herzförmige Nest wird aus Gräsern und Fasern gewebt und mit Grasrispen gepolstert. Die 2–3 Eier können von weiß über rosa bis hellgrün oder hellblau gefärbt und einfarbig oder rotbraun gefleckt sein. Bevor eine zweite Brut begonnen wird, reißt dieser Weber alle alten Nester auseinander.

Haltung: Wird nur seltener eingeführt. Ist ein recht friedlicher und bald zutraulicher Pflegling, der sich gut für eine größere Gemeinschaftsvoliere eignet. Außer im Winter darf er auch in die Gartenvoliere gelassen werden.

Zucht: Ist wohl noch nicht gelungen.

Ernährung: Außer Hirse, Glanz und Getreide, die er besonders gekeimt liebt, nimmt er größere Insekten, Mehlwürmer, Heimchen usw. und besonders gern alle süßen Obstarten.

Reichardweber *(Textor reichardi)* 3 Rassen

Kennzeichen: 13 cm, Stirn, Oberkopf und Nacken gelb, Rücken mehr gelblichgrün, ungefleckt. Bürzel leuchtend gelb. Gesichtsseiten bis einschließlich Ohrdecken und Kinn schwarz, ebenso der recht kurze Schnabel. Kehle und Flanken kastanienbraun, restliche Unterseite gelb und rotbraun. Flügel und Schwanz dunkel mit hellgelben Säumen. Männchen im Ruhekleid und Weibchen oberseits bräunlichgrün, auf dem Kopf gelblicher, Gesicht gelblichgrau, Unterseite gelblichweiß.

Herkunft und Lebensweise: Lebt im Süden Zaires (Katanga), in Südwest-Tansania und im Norden Sambias. Ist Sumpfbewohner. Baut sein Nest zwischen Schilf und hohem Gras. Die Eier sind blau oder grün mit dunkelbraunen Flecken und Punkten.

Haltung: Wurde bereits einige Male eingeführt, doch ist über die Pflege nichts bekannt geworden. Wohl meistens für Dotterweber oder Maskenweber gehalten.

Flügelbindenweber *(Textor taeniopterus)* 2 Rassen

Kennzeichen: 14 cm, ähnelt der vorigen Art, doch sind die Ohrdecken nicht schwarz, sondern kastanienbraun. Das Schwarz des Kinns reicht tiefer auf die Kehle herab. Unterseite nicht braun, sondern gelb. Im Ruhekleid auf dem Kopf olivgelb und fein gestrichelt. Oberseite bräunlichgelb, Flügel schwarz mit weißlichgelben Säumen, Unterseite weißlichbraun. Weibchen heller, sonst dem Männchen ähnlich.

Herkunft und Lebensweise: Ist im Süden des Sudans (Darfur), im Süden Äthiopiens und im Norden Ugandas zu Hause. Zieht in riesigen Schwärmen umher und brütet in großen Kolonien, und zwar im Schilf und hohen Gras. Das recht fest aus Gräsern und Schilfblattstreifen gewebte Nest ist etwas länglich und hat den Einschlupf an der Unterseite. Die 2–3 hellgrünen bis hellbraunen Eier haben viele kleine Punkte und Flecke von dunkelgrüner bis rötlichbrauner Farbe.

Haltung: Über seine Pflege ist nicht viel bekannt geworden. Sie sollte die gleiche sein, wie die des Dotterwebers.

Zucht: Ist schon gelungen, doch liegen keine Berichte vor.

Riedweber *(Textor castanops)*

Kennzeichen: 14 cm, sieht dem Gilbweber sehr ähnlich, hat einen schlankeren Schnabel und das Rotbraun des Gesichts bis auf die Kehle ausgedehnt. Kein Ruhekleid. Weibchen hat Zügel und Augenumgebung schwärzlich. Oberseite und Schwanz dunkler als Gilbweber-Weibchen, unterseits kräftiger gelb.

Herkunft und Lebensweise: Kommt in Uganda, Ruanda und im Nordwesten Tansanias vor. Ist zur Brutzeit in oft großen Schwärmen in Schilfwäldern und hohem Gras anzutreffen. Lebt in Sumpfgebieten und an Ufern und ernährt sich in der Hauptsache von Insekten, die er im Gebüsch, im Halmmeer und auf Wasserpflanzen findet. Das Nest wird zwischen Halme gewebt und erhält über dem seitlichen Eingang ein Dach. Die 2–3 Eier sind weißlich bis hellblau mit rötlichen Flecken und Punkten, die auch ganz fehlen können. Außerhalb der Brutzeit wechselt dieser Weber häufig in Wälder, wo er ebenfalls vor allem Insekten fängt.

Braunkehlweber *(Textor xanthopterus)* 3 Rassen

Kennzeichen: 14 cm, Männchen im Brutkleid goldgelb, Gesichtsseiten, Kinn und Kehle kastanienbraun. Rücken je nach Rasse grünlichgelb oder olivgrün, mit mehr oder weniger dunkleren Streifen. Schnabel schwarz, Augen braun, Füße gelbbraun. Im Ruhekleid sind Oberkopf und Nacken olivgrün, Gesicht, Kinn und Kehle gelblichbraun, ebenso Rücken und der Rest der Oberseite. Brust und Flanken bräunlich, Bauch weiß. Unterschnabel dann hornfarben. Weibchen olivgrüngelb oberseits, Oberschwanzdecken gelbbraun. Flügel düster mit hellgelben Säumen. Gesicht bis Brust gelb, im Ruhekleid grünlicher. Jungvögel bräunlicher.

Herkunft und Lebensweise: Lebt in Sambia und Malawi, von dort südwärts bis Natal. Brütet in kleineren bis großen Kolonien in Schilf und Gras oder in Büschen und Bäumen, und zwar in Gezweig über dem Wasser. Baut ein kleines, rundliches Nest ohne Einschlupfröhre und Überbau. Die zumeist 2 Eier sind olivgrün, bläulich oder rötlich, mit oder ohne braune Flecke. Wird oft mit anderen Webern zusammen angetroffen. Lebt von Sämereien und Insekten.

Genickbandweber *(Textor castaneiceps)*

Kennzeichen: 14 cm, Männchen gelb, Flügel und Schwanz dunkler mit gelben Säumen, Rücken etwas olivgelb. Ein hell kastanienbraunes Genickband reicht bis zu den Halsseiten und oftmals bis zur Oberbrust. Schnabel schwarz, Augen rotbraun, Füße fleischfarben. Weibchen oberseits olivbräunlich und gestreift, unterseits blaß gelbbraun. Läßt ein Schwatzen in tiefen Tönen und Schilpen hören.

Herkunft und Lebensweise: In Südost-Kenia und Nordost-Tansania ist dieser Weber an der Küste und an Flüssen und anderen Gewässern zu finden. Baut sein Nest in Schilf, hohes Gras und in Gezweig, das über Gewässer ragt. Nest oval mit seitlichem Einschlupf. Die 2–3 glänzend olivgrünen Eier haben undeutliche dunkle Flecke. Ernährt sich von Grassamen, Getreide und zur Brutzeit von Insekten. Außerhalb der Brutzeit umherstreifend.

Haltung: Wird nur in kleinerer Zahl eingeführt. Ist in der großen Voliere, auch im Garten, ein recht verträglicher Pflegling. Im Winter sollte er in einer Innenvoliere gehalten werden.

Ernährung: Wie Textorweber.

Bojerweber *(Textor bojeri),* auch Palmweber genannt, Abb. 53 Seite 147

Kennzeichen: 14 cm, goldgelb mit orangegelbem Kopf und Brustband. Rücken, Flügel und Schwanz grünlichgelb. Schnabel schwarz, Augen dunkelbraun, Füße bräunlich. Weibchen olivgrün oberseits, fast ganz ohne Streifen und Flecke. Gelb auf der Unterseite. Die Stimme ist tiefes Schilpen und Schwatzen.

Herkunft und Lebensweise: Ist im Küstengebiet Kenias und Süd-Somalias recht häufig anzutreffen. Lebt in den Kokospalm-Beständen, an Flußufern und in den

Bäumen der Ortschaften. Baut ein ovales Nest mit verstecktem Einschlupf ohne Röhre an der Unterseite. Gräser, Palmblattstreifen und Fasern werden verbaut. Das Nest wird zumeist an Palmblättern und an Ästen und Zweigen von Bäumen und Sträuchern aufgehängt.

Haltung: Wird nur selten importiert. Ist ein interessanter und recht friedlicher Pflegling für die große Voliere. Außer im Winter kann er in der Gartenvoliere untergebracht werden.

Ernährung: Wie Textorweber, aber auch kleinere Hirsesorten.

Goldweber *(Textor subaureus)* 3 Rassen, Abb. 19 Seite 71

Kennzeichen: Je nach Rasse 13–16 cm, der vorigen Art sehr ähnlich, Kopf und Kehle sind jedoch nicht leuchtend orange, sondern matter bräunlich. Schnabel schwarz, Augen rot, Füße fleischfarben. Lärmt kreischend.

Herkunft und Lebensweise: Von Ost-Kenia bis zur östlichen Kapprovinz in Südafrika verbreitet. Baut sein seitlich ovales Nest auf Bäumen, auch im Gebüsch und hohen Schilf. Es wird aus Gräsern gefertigt und zumeist an einem kahlen Zweig angehängt. Die 2–3 hellblauen Eier haben manchmal dunklere Flecke.

Haltung: Ist nur selten eingeführt worden. Nur für eine größere Voliere geeignet. Kann recht unverträglich sein. Zeigt sich ausdauernd und wenig empfindlich. Baut sein Nest auch in der Voliere. Zu Zuchterfolgen ist es jedoch noch nicht gekommen.

Ernährung: Wie beim Textorweber beschrieben.

Safranweber *(Textor xanthops),* auch Holubweber oder Großer Goldweber genannt, 3 Rassen

Kennzeichen: 20 cm, gelboliv, Kopf und Bürzel reiner gelb. Kehle und Brust orangegelb. Wechselt in kein Ruhekleid. Schnabel schwarz, Augen hellgelb, Füße bräunlich fleischfarben. Weibchen und Jungvögel grünlicher und matter auf dem Kopf und dem übrigen Gefieder. Ruft schrill pfeifend und zischend.

Herkunft und Lebensweise: Ist von Kenia und Uganda südwärts bis Transvaal und Natal verbreitet, westwärts bis Angola. Bevorzugt die Wassernähe, ist an Flüssen und in Sümpfen anzutreffen. Sein sehr großes Nest baut er zwischen Schilf und hohes Gras. Meistens paarweise oder zu wenigen Paaren zusammen in einem Brutgebiet. Die 2 Eier sind von weiß über rosa bis grünlich oder hellblau gefärbt, sind einfarbig oder mit rotbraunen und grauen Flecken versehen. Nimmt neben allerlei Sämereien und Insekten auch viele Früchte auf.

Kapweber *(Textor capensis)* 3 Rassen

Kennzeichen: 17 cm, Oberkopf orangegelb bis olivgelb, Stirn goldgelb, Gesichtsseiten heller gelb, ebenso die Unterseite. Bei der Rasse Kaffernweber *(T. c. olivaceus)* über Kehle und Vorderbrust bräunlicher Anflug. Die Oberseite ist gelblichgrün, die Rückenfedern haben braune Federmitten, die schwarzbraunen Flügel- und Schwanzfedern olivgrüne Säume. Schnabel dunkelbraun, Augen rot, bei der Rasse Kaffernweber Schnabel schwarz, Augen gelb. Die Füße sind fleischfarben. Männchen im Ruhekleid und Weibchen sind auf der Oberseite olivbraun, unterseits hell grünlichgelb, an Brust und Flanken bräunlicher, Kinn und Kehle gelblichweiß. Kreischt und knarrt mit recht tiefer Stimme.
Herkunft und Lebensweise: Bewohnt Südafrika, nordwärts bis Zululand und Transvaal. Bevorzugt die Nähe von Gewässern und hängt auch das beutelförmige Nest gern über das Wasser. Es wird zumeist an die dünnen Zweigenden dorniger Bäume geflochten, oft auch in der Nähe von Dörfern. Das Nest wird vom Männchen gewebt und hat eine etwa 15 cm lange Einschlupfröhre. Nur für die Auspolsterung sorgt das Weibchen. Die zumeist 2–3 Eier sind hellblau. Brütet gesellig in Kolonien und fliegt nach der Brutzeit in oft großen Schwärmen umher, oft in Gesellschaft von Glanzstaren.
Haltung: Sind sehr verträgliche Weber, die sich gut in eine Gemeinschaftsvoliere einfügen. Können gut in einer Gartenvoliere gehalten werden, brauchen im Winter aber ein mäßig warmes Schutzhaus.
Zucht: Ist schon wiederholt gelungen. Die Vögel brüten sehr zuverlässig und ziehen die Jungen mit Mehlwürmern, Heimchen, Wachsmottenlarven, mit Eifutter, Äpfeln, Birnen, Bananen, Feigen und anderen Früchten auf, ferner mit gekeimten Hirsesorten, Glanz und Getreide. Körnerfutter wird aber erst nach etwa 10 Tagen gefüttert. Die Brutzeit beträgt 13–14 Tage, die Jungen fliegen nach 17–19 Tagen aus.

Angola-Goldweber *(Textor temporalis)*, auch Bocageweber genannt

Kennzeichen: 15 cm, sieht dem Kapweber *(T. capensis)* sehr ähnlich, hat Gesichtsseiten, Ohrdecken, Kinn und Kehle jedoch olivgrünlichgrau. Der Schnabel ist schwarz, die Augen sind gelblichweiß, die Füße braun. Außerhalb der Brutzeit mehr olivgrün, auch auf Stirn, Oberkopf und Rücken. Weibchen gleicht dem Männchen im Ruhekleid. Jungvögel grauer, das Gelb der Unterseite blasser.
Herkunft und Lebensweise: Ist im südlichen Angola und westlichen Sambia zu Hause. Über seine Lebensweise ist wenig bekannt, doch sollte sie der des Kapwe-

bers ähnlich sein, von der diese Art vielleicht nur eine Rasse ist. Das Nest wird an Palmen oder hohen Gräsern aufgehängt und hat nur eine kurze Einschlupf- röhre. Die 2–3 Eier sind grünlichblau.

Prinzenweber *(Textor princeps)*

Kennzeichen: 14 cm, Männchen hat Oberkopf und Nackenseiten orangerot, die restliche Oberseite olivgrün, die Unterseite leuchtend gelb. Der Schnabel ist hornbraun, die Augen sind gelb und die Füße fleischfarben. Das Weibchen ist auf dem Kopf wie auf der übrigen Oberseite grüngelb, unterseits weißlich. Hat eine sehr laute und schrille Stimme.
Herkunft und Lebensweise: Ist auf der Insel Principe vor Westafrika beheimatet. Dort sehr häufig und auffallend. Vor allem auf Plantagen anzutreffen. Baut sein sehr schönes birnenförmiges Nest aus Palmblattstreifen und hängt es an die äu- ßersten Enden von Palmblättern. Die zumeist 2 Eier sind bläulich. Männchen schlägt beim Singen mit den Flügeln. Ernährt sich von Sämereien, Insekten und Früchten.

Königsweber *(Textor aurantius)* 2 Rassen

Kennzeichen: 15 cm, goldgelb, Brust und Hals mit rotbraunem Schimmer. Zügel auffällig groß schwarz. Bei der Rasse *T. a. aurantius* auch der Schnabel schwarz, bei der Rasse *T. a. rex* hornbraun. Flügel schwärzlich mit breiten gelben Säumen, restliche Oberseite olivfarben. Weibchen olivgrün, oberseits, fein dunkel ge- streift. Kehle gelblich, restliche Unterseite weißlich. Augen rotbraun.
Herkunft und Lebensweise: Kommt von Liberia bis Süd-Uganda und Nordwest- Tansania vor. Lebt kolonieweise in der Nähe von Gewässern. Nester werden meistens über dem Wasser an das Gezweig von Bäumen gehängt, sind rund, mit kurzer Einschlupfröhre am unteren Ende. Die 2 Eier können weißlich, hellbraun, hellgrün oder hellblau sein, ungefleckt oder mit dunkelbraunen Zeichnungen.

Gattung Zügelweber *(Hyphanturgus)* 3 Arten

Schwarzbauchweber *(Hyphanturgus melanogaster)* 2 Rassen

Kennzeichen: 13 cm, ein völlig schwarzer Weber mit gelber Stirn, gelbem Vor- derkopf, gelben Ohrdecken und Wangen. Auch ein schmales Halsband ist bei einer der beiden Rassen gelb. Weibchen hat die ganze Kehle gelb. Hat rotbraune Augen und grauschwarze Füße. Seine Stimme ist weich und recht leise.

Herkunft und Lebensweise: Ist auf Fernando Po und von Ost-Nigeria bis Südwest-Uganda und West-Kenia zu Hause. Lebt im Unterholz und dichten Gebüsch der Wälder und Ufer, im Hochland bis 2500 m. Ein selten beobachteter Vogel, der sein rundes Nest mit langer Einschlupfröhre versieht.

Haltung: Bisher nur selten eingeführt. Eignet sich gut für die Garten- und Zimmervoliere, muß im Winter im mäßig geheizten Innenraum gehalten werden.

Ernährung: Braucht viele Insekten wie Mehlwürmer, ferner süßes Obst. Siehe auch Kurzflügelweber.

Kurzflügelweber *(Hyphanturgus nigricollis)* 4 Rassen, Abb. 50 Seite 145

Kennzeichen: 16 cm, Kopf, Brust, Bauch und Unterschwanzdecken goldgelb. Schnabel, Zügel, Augenstreif, Kinn und Kehle sind schwarz. Nacken, Rücken, Flügel und Schwanz sind bei den Rassen *H. n. nigricollis* und *H. n. melanoxanthus* schwarzbraun bzw. schwarz, bei den Rassen *H. n. brachypterus* und *H. n. po* olivgrünlich. Die Augen sind rot, die Füße fleischfarben. Das Weibchen ist ähnlich gefärbt, Kinn und Kehle jedoch gelb. Die dunkle bzw. olivgrüne Farbe der Oberseite ist auch auf Oberkopf und Stirn ausgedehnt. Zwischen Oberkopf und schwarzem Augstreif zeigt sich ein gelber Überaugstreif besonders auffallend. Bei den Rassen mit dunkler Oberseite ist diese bei Jungvögeln grünlicher. Sonst sehen die Jungen den Weibchen ähnlich. Ruft trillernd „tiiie-tiiiie".

Herkunft und Lebensweise: Kommt von Senegal und Süd-Äthiopien bis Nord-Angola und Nordost-Tansania vor, ferner auf Fernando Po. Er ist Bewohner feuchter Wälder und dichten Gebüschs an Ufern und Sümpfen. Meistens nur paarweise anzutreffen. Brütet auch nicht gesellig. Baut ein sehr umfangreiches Nest mit einer über 1 m langen, herabhängenden Einschlupfröhre. Die 2–3 weißen Eier sind mit roten, braunen und grauen Flecken gezeichnet. Ernährt sich vor allem von Insekten und Früchten.

Haltung: Der Kurzflügelweber ist stets nur selten gehalten worden. Er eignet sich nach meinen eigenen Beobachtungen recht gut für eine dicht bepflanzte Gartenvoliere. Bleibt allerdings etwas scheu, besonders wenn er keine Deckung in Form von Sträuchern vorfindet. Ist friedlich und kann mit gleichgroßen Vögeln vergesellschaftet werden. Braucht zum Winter eine mäßig beheizte Innenvoliere.

Ernährung: Neben süßen Früchten und Beeren aller Art sind Mehlwürmer, Heimchen, Wachsmottenlarven, Fliegenmaden und andere Insekten zu reichen, ferner Ei- und Weichfutter und gekeimtes Exotenkörnerfutter.

Brillenweber *(Hyphanturgus ocularis)* 5 Rassen

Kennzeichen: 15 cm, Stirn, Oberkopf, Wangen und die Unterseite leuchtend gelb. Nacken, Rücken und Rest der Oberseite olivgrün, Schwanz bräunlicher. Das Männchen trägt einen schmalen schwarzen Kinn- und Kehlfleck, beide Geschlechter schwarze Zügel und Augenumgebung. Der lange, schlanke Schnabel ist ebenfalls schwarz. Augen gelb, Füße hornbraun. Wechselt nicht in ein Ruhekleid. Warnruf metallisch „tiek", sonst trillernd, klingelnd und zischend.
Herkunft und Lebensweise: Sein Verbreitungsgebiet reicht von Kamerun und Süd-Äthiopien bis Süd-Angola, Nord-Botswana und im Osten bis zur südlichen Kapprovinz. Lebt nicht gesellig, sondern paarweise im Wald, an Waldrändern und im Gebüsch der Ufer. Bewegt sich meisenartig im Gezweig, wenn auf der Suche nach Insekten und Früchten. Sein birnenförmiges Nest mit einer bis zu 30 cm langen Einschlupfröhre hängt er am liebsten an Zweigen überm Wasser auf. Es wird aus Gräsern und Palmblattstreifen zusammengefügt. Die 2 Eier sind von hellblauer Farbe und haben dunkelgraue Flecke.
Haltung: Nur selten eingeführt. Pflege und Ernährung wie Kurzflügelweber.
Zucht: Gelang lt. AZ-Statistik in den Jahren 1987 und 1988.

Gattung Kleinweber *(Sitagra)* 4 Arten

Cabanisweber *(Sitagra intermedia)* 4 Rassen

Kennzeichen: 14 cm, beim Männchen im Brutkleid Schnabel, Stirn, Oberkopf, Kopfseiten bis einschließlich Ohrdecken, Kinn und Kehle schwarz. Hinterkopf und Nacken gelb, besonders bei der Rasse *S. i. cabanisii* ein orangebrauner Streifen als Begrenzung der schwarzen Maske an Nacken und Kehle. Restliche Oberseite gelbgrün, Flügeldecken und Schwingen schwärzlich mit gelbgrünen Säumen. Unterseite gelb, ebenso die Augen, Füße grauschwarz. Im Ruhekleid keine schwarze Gesichtsmaske, sondern gelbgrün mit gelbem Überaugstreif. Bauch dann weißlich, Schnabel hornfarben. Weibchen ähnlich gefärbt, unterseits zur Brutzeit gelber. Die Stimme ist heiseres Schwatzen.
Herkunft und Lebensweise: Ist von Ostafrika bis Angola und Südwest-Afrika, südwärts bis Transvaal und Zululand verbreitet. Lebt zwar vor allem in Trockenbuschgebieten, doch möglichst in Wassernähe. Ist sehr gesellig und brütet in großen Kolonien, zumeist auf großen Bäumen, aber auch im hohen Gras und Schilf. Die Männchen bauen die Nester aus Gräsern. Sie sind rundlich, mit seitlich her-

abhängender Einschlupfröhre. Diese hat ein scharf begrenztes Ende. Von den Weibchen werden die Nester mit Fasern und Haaren ausgepolstert. Die 2–3 Eier sind blau und haben braune Flecke. Ernährt sich von Sämereien, Früchten und Insekten.

Haltung: Ist ein recht häufig gepflegter Weber, der allerdings häufig mit dem Dotterweber verwechselt wird, der aber ein viel schmaleres schwarzes Stirnband und orangerote Augen hat. Kann gut in der großen Voliere gehalten werden. Ist wenig empfindlich, sollte für den Winter allerdings hereingenommen werden.

Zucht: Ist schon verschiedentlich gelungen. Dann allerdings sehr aggressiv. Ein Paar oder ein Männchen mit mehreren Weibchen sollte alleine eine Voliere bewohnen, die mit Gezweig, Ginster und Schilf ausgestattet ist. Zum Nestbau verschiedene Gräser, auch Schilfblätter anbieten.

Ernährung: Wie beim Textorweber beschrieben.

Loangoweber *(Sitagra subpersonata)*

Kennzeichen: 13 cm, Stirn, Oberkopf, Wangen, Ohrdecken und Kehle schwarz. Hinterer Teil des Oberkopfes, Nacken, Halsseiten und Brust sind goldgelb und kastanienbraun getönt. Die restliche Unterseite ist mattgelb. Rücken gelb olivgrün, Bürzel und Oberschwanzdecken heller gelbgrün. Flügel und Flügeldecken dunkelbraun mit gelben Säumen, Schwanz braun. Schnabel schwarz, Augen orange. Eine Beschreibung des Weibchens fehlt.

Herkunft und Lebensweise: Kommt vom Süden Gabuns bis zum Unterlauf des Kongos vor. Über seine Lebensweise ist nichts bekannt, doch wird sie kaum von der anderer Weber dieser Gattung abweichen.

Mönchweber *(Sitagra pelzelni)*, auch Pelzelns Weber genannt, 2 Rassen

Kennzeichen: 12 cm, der lange, schlanke Schnabel, Gesicht, vordere Hälfte des Oberkopfes, Kinn und Kehle sind schwarz. Hinterkopf, Nacken, Halsseiten und Unterseite sind goldgelb. Rücken olivgrün, Flügel und Schwanz graubraun bzw. grünbraun mit Gelb gesäumt. Kein Ruhekleid. Beim Weibchen Kopf und Kehle gelb, heller gelber Überaugstreif, Rücken ungestreift olivgelb. Jungvögel ähnlich. Augen braun, Füße schwarzbraun.

Herkunft und Lebensweise: Bewohnt feuchte Gebiete von Ghana und Uganda durch das Kongogebiet bis Nord-Angola und Nordost-Sambia. Ist in Papyrussümpfen, feuchten Waldgebieten und an Ufern anzutreffen, aber auch in Ortschaften. Das runde Nest wird an Zweigen von Bäumen oder Büschen oder an

den Spitzen von Gräsern aufgehängt. Es hat keine Einschlupfröhre, wird aus Gräsern gebaut und mit weichen Fasern und Federchen gepolstert. Die 2–3 Eier sind weiß oder rosig und können braune Flecke tragen. Ernährt sich vor allem von Insekten, die er hängend und kletternd von Laub, Ästen und Stämmen liest.
Haltung: Wird gelegentlich eingeführt, meistens für Zwergweber gehalten. Pflege wie dieser, braucht aber noch mehr tierische Nahrung.

Zwergweber *(Sitagra luteola),* auch Zwergmaskenweber genannt, 2 Rassen, Abb. 20 Seite 71

Kennzeichen: 12 cm, wie Mönchweber, doch zitronengelber und auf dem Rücken fleckiger. Dieser Weber legt ein Ruhekleid an und sieht dann wie das Weibchen aus. Diesem fehlt die schwarze Gesichtsmaske und ist unterseits weißlich, im Brutkleid gelb. Rufe und Gesang leise und weniger hart als bei anderen Webern.
Herkunft und Lebensweise: Kommt von Senegal bis Äthiopien, West-Kenia und Nordwest-Tansania vor. Ist in Trockenwald und Savannen zu finden, auch in Ortschaften und Gärten. Brütet in Gebüsch und Akazien. Das kugelige Nest wird aus Gräsern gebaut und erhält eine lange Einschlupfröhre. Es wird mit feinen Fasern, Rispen und Haaren gepolstert. Die 2–3 Eier sind weiß, rosa oder blaugrau. Ernährt sich von Insekten, Früchten und feinen Sämereien.
Haltung: Ist ein regelmäßig eingeführter Vogel, der sich gut in einem großen Bauer oder in Zimmer- und Gartenvolieren pflegen läßt. Wenn nicht in Brutstimmung, kann er gut mit anderen kleinen Vögeln zusammen gepflegt werden, sonst unduldsam in Nestnähe. Anfangs etwas empfindlich, wenn nicht viel kleines Lebendfutter geboten werden kann.
Zucht: Schon öfter gelungen. Brutzeit 12 Tage. Männchen löst das Weibchen nur kurz beim Brüten ab. Bei der Aufzucht der Jungen hilft es mit. Die Jungen verlassen das Nest mit 20 Tagen. Sie werden dann noch 14 Tage lang von den Eltern gefüttert.
Ernährung: Kleine, frisch gehäutete Mehlwürmer, Getreideschimmelkäferlarven, Ameisenpuppen und andere kleine Futtertiere sind zur Eingewöhnung und zur Aufzucht der Jungen erforderlich. Kann gut an hartgekochtes Ei und Weichfutter gewöhnt werden. Ferner sind süßes Obst, Grünes und kleine Hirsesorten zu bieten, letztere auch gekeimt.

Gattung Meisenweber *(Sitagroides)* 2 Arten

Batesweber *(Sitagroides batesi)*

Kennzeichen: 14 cm, beim Männchen Oberkopf, Nacken und die Wangen leuchtend rotbraun. Schnabel, Augenumgebung, Kinn und Kehle sind schwarz. Ein gelbes Nackenband trennt das rotbraune Kopfgefieder vom hell olivgrünen Rükken. Auch die restliche Oberseite ist olivgrün, die Unterseite gelb. Augen dunkelbraun, Füße bläulichgrau. Beim Weibchen der gesamte Kopf und das Kinn schwarz, Kehle wie das Nackenband gelb, die restliche Unterseite grünlichgelb. *Herkunft und Lebensweise:* Bewohnt Waldgebiete im Süden Kameruns. Ist sehr gewandt und lebt vor allem von Insekten.

Meisenweber *(Sitagroides alienus)*

Kennzeichen: 15 cm, Kopf, Kinn, Kehle und Nacken schwarz. Oberseite grün, Unterseite gelb, Kehlseiten und Brust kastanienbraun. Schnabel und Füße schwarz. Kein Ruhekleid. Beim Weibchen die gesamte Kehle kastanienbraun. Jungvögel mit grünem Kopf, gesamter Unterseite grünlichgelb und nur an Kehle und Brust etwas verwaschenes Rotbraun. Schnabel hornbraun.
Herkunft und Lebensweise: Kommt nur in den Bergwäldern des Seengebiets Innerafrikas vor. Lebt vor allem in offenen Waldgebieten bis in Höhen von 3000 m und ist paarweise oder in Familiengruppen unterwegs. Läuft meisenartig an Baumstämmen und Ästen empor und hängt sich an dünnes Gezweig, wenn auf der Suche nach Kerbtieren und Beeren. Das Nest wird aus Fasern, Ranken und Gräsern gebaut und an Zweigen aufgehängt. Die 2 Eier sind cremeweiß mit ziegelroten Punkten und violetten Flecken.

Gattung Singweber *(Symplectes)* 3 Arten

Olivkopfweber *(Symplectes olivaceiceps)* 2 Rassen

Kennzeichen: 15 cm, oberseits kräftig moosgrün, Flügel schwärzlich mit gelben Säumen. Stirn und Scheitel, Nacken und Oberschwanzdecken olivgelbgrün. Gesichtsseiten, Kinn und Kehle moosgrün, Kehle und Brust kastanienbraun, restliche Unterseite goldgelb. Schnabel, Zügel und Augstreif schwarz. Wechselt nicht in ein Ruhekleid. Weibchen auch auf Stirn und Oberkopf moosgrün. Kehle und

Brust matter und heller rotbraun. Beim Jungvogel Gesichtsseiten, Kinn und Kehle gelb, Schnabel hornfarben. Ruft laut klappernd.

Herkunft und Lebensweise: Ist von Süd-Malawi und dem Südosten Tansanias bis zum Süden Mozambiques verbreitet. Lebt einzeln oder paarweise in offenen Waldgebieten, an Waldrändern und Lichtungen. Sucht Stämme und Äste nach Kerbtieren ab, von denen er in der Hauptsache lebt.

Nicollweber *(Symplectes nicolli)*

Kennzeichen: 15 cm, Stirn gelblich, Kopf, Nacken, Kinn und Kehle schwärzlich-grün mit etwas Gelb vermischt. Rücken, Flügel und Schwanz schwarz. Kehle und Vorderbrust kastanienbraun, restliche Unterseite leuchtend gelb. Schnabel schwarz, Füße dunkelgraubraun. Wechselt nicht in ein Ruhekleid. Beim Weibchen der gesamte Kopf mattbraun, Nacken wie die restliche Oberseite schwarz. Ruft „sus-wie-i".

Herkunft und Lebensweise: Bewohnt das Usambara-Gebirge in Nordost-Tansania. Ist vor allem im lichten Wald und an Waldrändern paarweise oder in kleinen Gruppen anzutreffen. Lebt vor allem von Insekten.

Waldweber *(Symplectes bicolor)* 9 Rassen

Kennzeichen: 16 cm, Oberkopf, Gesichtsseiten und die ganze übrige Oberseite sind schwarzbraun. Kinn und Kehle sind weißlich mit schwarzen Flecken. Die übrige Unterseite ist goldgelb. Der Schnabel ist grau, die Augen sind braun, die Füße fleischfarben. Kein Ruhekleid, Männchen und Weibchen gleich gefärbt. Jungvögel sind auf der Brust fleckig. Dieses ist die Beschreibung der Nominatform *S. b. bicolor* aus der östlichen Kapprovinz und Natal. Bei den anderen Rassen ist der Rücken grauer oder Kinn und Kehle schwarz wie die Oberseite. Stimme quietschend und laut rufend, was sich wie „pink" und „schink" anhört.

Herkunft und Lebensweise: Lebt auf Fernando Po, von Ost-Nigeria, Kamerun und dem Süden des Sudans südwärts bis Nord-Angola, Nord-Sambia und durch Ostafrika bis Natal und zum Osten der Kapprovinz. Ist Bewohner des Waldes und dichter Gebüsche. Paarweise oder in kleinen Gruppen auf der Suche nach Insekten, Beeren und Früchten anzutreffen. Klettert sehr geschickt, hängt an Gezweig und läuft an Stämmen und Ästen. Das länglichovale Nest wird aus Blattstreifen und Fasern an einen hohen Ast über Wasserläufe gehängt. Es hat eine lange, herabhängende Einschlupfröhre. Die 2–4 Eier sind rosig oder grünlich weiß und haben Punkte und Tupfen von rotbrauner und bläulicher Farbe.

Haltung: Wurde nur sehr selten eingeführt. Über die Pflege ist nichts bekannt geworden.

Gattung Lemurenweber *(Nelicurvius)* 2 Arten

Grünweber *(Nelicurvius nelicourvi)*

Kennzeichen: 14–15 cm. Beim Männchen sind Schnabel, Oberkopf, Ohrdecken, vordere Gesichtshälfte und Kinn schwarz. Nacken, Halsseiten, hintere Gesichtshälfte bis zur Kehle hellorange, im Nackenband kräftig orange. Rücken, Bürzel, Oberschwanzdecken, Flügeldecken und mittlere Schwanzfedern olivgrün, übrige Schwanzfedern und Schwingen schwärzlich mit olivgrünen Säumen, die äußere Handschwinge mit leuchtendgelbem Saum. Unterseite grau, an den Brustseiten und Flanken olivgrün verwaschen. Unterschwanzdecken kastanienbraun! Augen und Füße hellbraun. Das Weibchen hat gelbe Stirn, die übrigen, beim Männchen schwarzen Partien dunkel olivgrün. Sonst ähnelt es dem Männchen. Jungvögel sind von Stirn bis Kehle gelblicher, auch die Unterschwanzdecken sind von gelblichem Braun. Die übrige Unterseite ist grünlicher. Der Schnabel weist bei hellem Hornbraun eine dunkle Spitze auf.
Herkunft und Lebensweise: Madagaskar, dort Waldbewohner. Lebt von Insekten. Ist zumeist paarweise anzutreffen, auch in Gesellschaft anderer Vögel. Zu Schwärmen der eigenen Art findet er sich jedoch nicht zusammen, auch nicht zu Brutkolonien. Vielmehr baut jedes Paar in seinem eigenen Revier. Das Nest wird in Höhen zwischen 2–8 m an Zweigen und Lianen aufgehängt, und zwar meistens über Wasserläufen, Lichtungen oder Straßen. Es wird aus Gräsern, Schilfblättern und Palmblattstreifen hergestellt, sieht oval aus und besitzt eine etwa 15 cm lange, herabhängende Einschlupfröhre. Das Nest wird an einem 15–30 cm langen Stiel befestigt. Die zumeist 3 Eier sind von hell blaugrüner Farbe, glänzend und mit glatter Oberfläche. Die Brutzeit fällt in unsere Herbst- und Wintermonate.
Haltung: Soll 1913 zum ersten Mal nach Europa importiert worden sein. Über weitere Einfuhren ist nichts bekannt geworden.

Sakalavaweber *(Nelicurvius sakalava)* 2 Rassen

Kennzeichen: 14 cm. Beim Männchen im Brutkleid Kopf, Kehle und Brust zitronengelb. Bauch und Unterschwanzdecken sind blaß graubraun. Die gesamte Oberseite ist grünlich graubraun, die Schwingen und Schwanzfedern sind dunkler braun und tragen graue Säume. Der Schnabel ist grau, die Augen sind braun, die Füße fleischfarben. Das zumeist kleinere Weibchen besitzt kein gelbes, sondern matt olivbraunes Kopfgefieder, das von je einem kastanienbraunen Über- und Unteraugstreif geschmückt wird. Sonst alle Farben wie das Männchen, doch matter. Ruft „zip", singt „schischischischi".

Herkunft und Lebensweise: Madagaskar. Lebt in Dörfern und deren Umgebung, ferner in gebüschdurchsetztem, offenem Gelände. Kann in kleineren oder größeren Gruppen angetroffen werden. Brütet von September bis April. Baut das Nest vor allem auf Kokospalmen, wo es an Blattwedeln aufgehängt wird. Das ovale Nest hängt an einem etwa 15 cm langen Stiel oder wird direkt mit Palmblättern und Zweigen verwoben. Der seitlich herabhängende Einschlupf ist oft 20 cm lang. Dieser Weber ist sehr gesellig und brütet in Kolonien von 6 bis mehr als 100 Nestern, oft alle in einem Baum. Palmblattstreifen und verschiedene Gräser dienen als Baumaterial, Pflanzenfasern als Polsterung im Innern. Das Männchen baut, das Weibchen hilft etwas oder trägt die Polsterung ein. Sehr lange Palmblattstreifen werden vom Männchen außen an das fertige Nest und vor allem an die Einschlupfröhre gehängt, wahrscheinlich zur Tarnung des Nesteingangs. Die Zahl der Eier schwankt zwischen 1–4, sie sind hell blaugrün und ungefleckt. Grassamen, wenig Reis und vor allem Insekten bilden die Nahrung des Sakalavawebers. Insekten und Spinnen werden vor allem an die Jungen verfüttert.

Haltung: Über die Einfuhr und Haltung dieses Webers ist bisher nichts bekannt geworden.

Gattung Ammerweber *(Ploceus)* 3 Arten

Bayaweber *(Ploceus philippinus)* 5 Rassen, Abb. 17 und 18 Seite 71

Kennzeichen: 15 cm, beim Männchen sind Gesichtsseiten, Kinn und Kehle schwarzbraun. Stirn, Oberkopf bis zum Nacken und Brust leuchtend gelb. Das Gefieder der Oberseite ist dunkelbraun, wirkt durch die breiten gelben Säume der Federn gestreift. Oberschwanzdecken, Unterschwanzdecken und Bauch sind hell sandbraun, Bauchmitte weißlich. Der Schnabel ist schwarzbraun, an der Basis hell hornfarben. Die Augen sind dunkelbraun, die Füße fleischfarben. Männchen im Ruhekleid und Weibchen sind oberseits beige und dunkelbraun gestreift, auch auf dem Oberkopf. Der Bürzel ist ungestreift braun, die schwarzbraunen Flügel- und Schwanzfedern haben beige Säume. Ein hell beiger Überaugstreif läuft in die hell rostbraune Halsseite aus. Gesicht, Kehle und restliche Unterseite

sandfarben, an Wangen, Brust und Flanken etwas dunkler. Schnabel hell hornfarben. Der Ruf ist laut „tschäk-tschäk", der Gesang schrilles, krächzendes Geschwätz.

Herkunft und Lebensweise: Ceylon, Vorderindien, Hinterindien, Sumatra und
Nias. Ist außerhalb der Brutzeit in großen Schwärmen anzutreffen, die Getreide-
und Reisfelder heimsuchen. Auch zur Brutzeit sehr gesellig. Brütet auf Palmen,
Mimosen und anderen Bäumen. Bildet Kolonien mit oft einem Dutzend und
mehr Nestern auf einem Baum, mehr als 100 in einer Kolonie, in der es sehr laut
hergeht. Nest aus Gräsern und Palmblattstreifen, an einem ca. 30 cm langen Stiel
an den Enden der Palmwedel und Zweige aufgehängt, wenn möglich über einem
Wasserlauf. Der kunstfertige Nestbeutel ist innen unterteilt. Eine Hälfte ist die
Brutkammer, die andere mündet in die lange Einschlupfröhre. Jedes Männchen
baut mehrere Nester, die Weibchen suchen sich die ihnen zusagenden als Brut-
nest aus. So kommt es vor, daß ein Männchen mehrere Weibchen hat. Die 2–4
Eier sind weiß. Gebrütet wird vor allem in der Regenzeit. An den Seiten der
Nestkammern sind meistens Erdklumpen eingebaut. Diese sollen zur Stabilität
beitragen oder durch ihre Schwere das Nest unempfindlicher gegen Wind machen.

Haltung: Der Bayaweber wird stets nur in geringer Zahl eingeführt. Ein einzelnes
Männchen zeigt sich gegenüber anderen Vögeln friedlich und baut fleißig seine
sehr kunstvollen Nester. Paarweise oder in größeren Gruppen, in denen die
Weibchen in der Überzahl sein sollten, ist die Haltung am interessantesten. Eine
größere Voliere ist dafür erforderlich. Artfremde Vögel werden angegriffen,
doch gibt es Ausnahmen.

Zucht: Ist schon mehrfach gelungen. Bei der Balz umflattert das Männchen das
Weibchen.

Ernährung: Neben Getreide, Reis und größeren Hirsesorten sowie Glanz sollte
ein Weichfutter, Ei, einige Mehlkäferlarven und viele süße Früchte geboten werden. Apfel- und Birnenstücke, Weintrauben, Kirschen und Feigen sind am beliebtesten.

Bengalenweber *(Ploceus benghalensis)*

Kennzeichen: 13 cm. Beim Männchen im Prachtkleid sind Stirn und Oberkopf
kräftig gelb, Gesichtsseiten, Kehle, Nacken und die ganze Oberseite dunkel- bis
schwarzbraun, auf Rücken und Flügeldecken mit sandfarbenen Säumen. Die
Oberschwanzdecken sind heller braun. Über Kehle und Vorderbrust zieht sich
ein schwarzes Querband. Die übrige Unterseite ist hell gelblichbraun. Der

Schnabel ist stahlgrau, die Augen sind dunkelbraun, die Füße fleischfarben. Das Männchen im Ruhekleid sieht dem Weibchen ähnlich. Dieses ist unterseits weißlich beige, das Brustband etwas dunkler, die Oberseite ist bräunlicher. Auch die Kopfplatte ist braun. Der Schnabel ist ebenfalls bräunlicher.

Herkunft und Lebensweise: Von Pakistan und Nord-Indien kommt der Bengalenweber ostwärts bis Assam und Manipur vor. Er ist in manchen Gebieten recht häufig anzutreffen. Nistet im hohen Gras und im Gebüsch, und zwar in lockeren Kolonien. Das kugelige Nest besitzt am unteren Ende eine nur wenige Zentimeter lange Einschlupfröhre. Wird es zwischen Gräsern angelegt, werden deren Spitzen und Ähren über dem Nest miteinander verwoben oder in den Nestbau mit einbezogen. Die zumeist 2–3 Eier werden 14 Tage lang nur vom Weibchen bebrütet, die Jungen erst dann auch vom Männchen gefüttert, wenn sie ca. 10 Tage alt sind.

Haltung: Bengalenweber kamen gegen Ende des vorigen Jahrhunderts zum ersten Male nach Europa, seitdem dann und wann in kleinerer Zahl. Sie sind recht widerstandsfähige Vögel, die auch im Winter in die Gartenvoliere gelassen werden können, wenn sie jederzeit einen mäßig beheizten Innenraum aufsuchen können.

Zucht: Ist bald nach seiner Ersteinfuhr von Karl Ruß und anderen Vogelliebhabern erfolgreich gezüchtet worden. Gegenüber anderen Vögeln wird der Bengalenweber zur Brutzeit recht unduldsam, so daß es angebrachter erscheint, diese Art in einer gesonderten Voliere zu züchten.

Ernährung: Wie beim Bayaweber beschrieben.

Manyarweber *(Ploceus manyar)* 4 Rassen

Kennzeichen: 14–15 cm. Das Männchen ist nur zur Brutzeit durch seinen goldgelben Oberkopf vom Weibchen zu unterscheiden. Sie tragen dann auf der Oberseite (das Weibchen auch auf dem Kopf) ein dunkleres Braun als im Ruhekleid. Kinn und Kehle braun, Brust und Flanken erscheinen dunkelbraun gestreift, übrige Unterseite bräunlichweiß. Schnabel schwarz, außerhalb der Brutzeit hornbraun, Augen braun, Füße hell fleischfarben. Im Ruhekleid sind Männchen und Weibchen oberseits schwarzbraun und sandfarben gestreift, was durch die dann breiten hellen Federsäume bewirkt wird. Gelbliche Überaugstreifen sind vorhanden, Kinn und Hals sind gelblichweiß, die restliche Unterseite schmutzigweiß, Brust und Flanken mehr beige, wobei die Federn breite schwarzbraune Schaftstreifen besitzen. Stimme ähnelt der des Bayawebers.

Herkunft und Lebensweise: Seine Heimat ist Ceylon, Indien und Indochina, Java,

Bali, Bawean (kleine Insel nördlich von Java). Ist zumeist in kleinen Gruppen im Röhricht, Schilf und Hochgras anzutreffen, und zwar stets in der Nähe von Gewässern. Die Brutkolonie besteht nur aus wenigen Paaren. Das Nest wird zwischen Schilf- oder Grashalmen aufgehängt, wobei die Spitzen der Halme über dem Nest miteinander verwoben werden. In der Regel besteht das Gelege aus 2–3 mattweißen Eiern. Lebt von Grassamen, Insekten und Früchten. Ist in Reisfeldern weniger anzutreffen als seine Verwandten.

Haltung: Wird gelegentlich in kleinerer Zahl eingeführt. Zeigt sich in der Voliere als interessanter, ausdauernder Pflegling. Einzeln friedlich gegenüber anderen Vögeln, in Gruppen seiner Art jedoch nicht immer. Braucht viel Platz und im Winter die Möglichkeit, einen mäßig warmen Innenraum aufsuchen zu können.

Zucht: Ist schon mehrfach gelungen. Die Brutzeit beträgt 14 Tage. Männchen baut und bezieht ein eigenes Schlafnest. Auch zu Kreuzungen mit Weibchen des Baya- und des Bengalenwebers ist es gekommen.

Ernährung: Wie beim Bayaweber beschrieben.

Gattung Kernbeißerweber *(Ploceella)* 2 Arten

Großschnabelweber *(Ploceella megarhyncha)* 2 Rassen

Kennzeichen: 15–16 cm. Das Männchen im Brutkleid hat einen schwarzen Schnabel, dunkelbraune Wangen, Rücken, Flügeldecken und Schwanz. Auf dem Rücken sind die Federn gelb gesäumt, an Flügeldecken, Schwingen und Schwanz hellbraun. Stirn, Oberkopf, Nacken und die gesamte Unterseite sind leuchtend gelb, Bürzel und Oberschwanzdecken sind verwaschener gelb. Die Augen sind leuchtend hellbraun, die Füße rötlichbraun. Das Männchen im Ruhekleid und das Weibchen sehen dem Bayaweber im Ruhekleid sehr ähnlich, sind aber größer, brauner und haben wuchtigere Schnäbel. Während der Brutzeit zeigt das Weibchen etwas Gelb im Gefieder der Unterseite und auf dem Oberkopf.

Herkunft und Lebensweise: Ist in den südlichen Ausläufern des Himalajas zu Hause und kommt bis in Höhen von 1300 m vor. Lebt im Grasland, Schilf und Gebüsch, und zwar gesellig. Baut sein rundes und recht ordentlich wirkendes Nest meist zwischen Halme und Gezweig. Die Brutzeit fällt in unsere Sommermonate.

Haltung: Im Jahr 1900 war diese Art erstmals im Londoner Zoo zu sehen. Seitdem nur hin und wieder eingeführt, meistens wohl auch für Bayaweber gehalten.

Ernährung: Wie beim Kernbeißerweber beschrieben.

Kernbeißerweber *(Ploceella hypoxantha)* 2 Rassen

Kennzeichen: 14–15 cm, der kurze, starke Schnabel ist schwarz, ebenso die Wangen, Kinn und Kehle. Der Oberkopf, der Nacken und die Unterseite sind leuchtend goldgelb, die Oberschwanzdecken blasser gelb. Der Rücken und die Flügeldecken sind schwarzbraun und gelb gestreift, was durch die breiten gelben Federsäume bewirkt wird. Auch der Schwanz ist dunkelbraun, mit gelben Säumen und Spitzen. Die Schwingen sind schwarz und tragen gelblichweiße Säume. Die Augen sind braun, die Füße blaß fleischfarben. Im Ruhekleid sieht das Männchen dem Weibchen ähnlich. Dieses ist beigebraun, auf dem Rücken dunkel gestreift, auf Bürzel und Oberschwanzdecken rotbraun, auf der Unterseite blaß rötlichbraun. Der Schnabel ist hell hornbraun. Jungvögel sind ähnlich, doch rötlicher gefärbt. Die Stimme ist nicht laut und kreischend, sondern recht angenehmes und leises „Schwatzen".

Herkunft und Lebensweise: Kommt in Hinterindien, Sumatra und Java vor. Bewohnt offenes Gelände in der Nähe von Teichen, Seen und sumpfigem Gelände. Oft in der Nähe von Dörfern anzutreffen. Brütet zwischen Gräsern, Schilf, Gebüsch. Das recht unordentlich wirkende Nest wird zwischen Gras- und Schilfhalmen aufgehängt, hat einen seitlichen Eingang, doch keine lange Einschlupfröhre. Es wird aus den verschiedensten Gräsern und Blattstreifen hergestellt. Zumeist besteht das Gelege aus 2 Eiern, die von weißlich über grau, grünlich, blaugrau, rötlich bis bräunlich gefärbt sein können. Sie sind selten gefleckt und gestrichelt, sondern meistens einfarbig. Zumeist brütet die Art in dornigem Gebiet oder in der Nähe von Hornissen- oder Ameisenvölkern, von Juli bis September.

Haltung: Nur sehr selten kommt der Kernbeißerweber nach Europa. 1915 wurde er zum ersten Mal im Zoologischen Garten Berlin gezeigt.

Ernährung: Glanz, größere Hirsesorten, geschälter Hafer, Weizen, alles auch in gekeimtem Zustand, Feigen, Apfelstücke, Bananen und Orangehälften werden gern angenommen. Auch Mehlwürmer und andere Insekten werden nicht verschmäht. In freier Natur werden die Jungen meist mit Insekten aufgezogen.

Gattung Schönweber *(Foudia)* 6 Arten

Seychellenweber *(Foudia sechellarum)*

Kennzeichen: 13 cm. Dieser Weber ist fast gänzlich olivgrün gefärbt, an den Flanken etwas grauer. Der Rücken wirkt durch düster graugrüne Federmitten etwas gestreift. Bürzel und Oberschwanzdecken sind rein olivgrün, während Flügel und Schwanz mehr mattbraun zeigen. Stirn, Oberkopf, vorderer Teil der Wangen, Kinn, Kehle und oberer Teil der Brust sind von mattem Gelb. Von dunklem Olivbraun sind dagegen Nacken, Ohrdecken und Zügel, während ein schwarzer Streif von den Augen zu den Ohrdecken verläuft. Beim Weibchen sind Kinn und Kehle weißlich, Stirn und Oberkopf düster braun wie der Rest des Kopfes. Ein weißlicher Überaugstreif ist angedeutet. Der Schnabel ist sehr schlank, die Stimme zirpend.

Herkunft und Lebensweise: Lebt auf den Seychelleninseln Frigate, Cousin, Cousine. Insgesamt sollen es etwa 200 Vögel sein, eine erschreckend geringe Zahl. Doch soll sich dieser Bestand schon seit mehr als 30 Jahren gehalten haben. Die Art baut auf Kokospalmen, zwischen Gesträuch und hohen Gräsern, oft in der Nähe von Gebäuden. Das ovale Nest wird aus allerlei trockenen Gräsern und Fasern errichtet und hat einen seitlichen Einschlupf. Das Gelege besteht aus nur 1–2 Eiern.

Haltung: Als bedrohte Art sollte der Seychellenweber nicht gehalten werden, es sei denn, daß man auf diese Weise seinen Bestand in seiner Heimat vermehren kann.

Rodriguezweber *(Foudia flavicans)*

Kennzeichen: 13 cm, beim Männchen sind Kopf, Kehle, Brust und Bürzel gelb, an den Wangen rötlich verwaschen. Die Augen sind von schwarzen Federn eingerahmt. Während die Federn von Bauch und Flanken ein leicht gelbliches Grau aufweisen, sind die der Oberseite hell olivbraun und dunkelbraun gestreift. Das Männchen im Ruhekleid ähnelt dem Weibchen. Dieses ist allgemein olivbräunlicher gefärbt, mit braunem Bürzel und nur leicht gelblichen Wangen und Unterseite. Der Schnabel dieser Schönweberart ist außerordentlich schlank, der Schwanz auffallend lang. Im Gegensatz zu den anderen Arten der Gattung *Foudia* besitzt der Rodriguezweber einen hübschen Gesang, der dem des Stieglitzes ähnelt.

Herkunft und Lebensweise: Lebt auf der Insel Rodriguez der Maskarenen. Bewohnt Bäume und Gebüsch und ernährt sich in der Hauptsache von Insekten und Früchten. Das Nest wird recht hoch in Büsche und Bäume gebaut und ist unordentlicher als die seiner Verwandten.

Haltung: Dieser Weber wurde früher hin und wieder eingeführt. War im Berliner Zoo zu sehen. Ein Männchen hat mit einem Weibchen des Madagaskarwebers gebrütet.

Réunionweber *(Foudia bruante)* †

Diese Weberart ist auf der Insel Réunion heimisch gewesen. Sie ist von Daubenton 1786 beschrieben und gemalt worden. Demnach ist es ein Vogel gewesen, der dem Madagaskarweber ähnlich gesehen hat, doch einen viel schlankeren Schnabel und eine ungestreifte, einfarbig braune Oberseite besessen hat. Er soll damals in den unteren Waldregionen der bis zu 3000 m hohen vulkanischen Insel recht zahlreich anzutreffen gewesen sein. Wodurch und in welcher Zeit er ausgestorben ist, kann nicht mehr zurückverfolgt werden. Wahrscheinlich ist sein Lebensraum durch Abholzen der Wälder durch die ersten Ansiedler vernichtet worden.

Mauritiusweber *(Foudia rubra)*

Kennzeichen: 14 cm, sieht dem Komorenweber sehr ähnlich, hat aber einen viel schlankeren Schnabel. Unterseits ist er von einem sehr gleichmäßigen, hellen Olivgrün, das keinen rötlichen Anflug hat, wie dies beim Komorenweber der Fall ist. Ein schwarzer Augstreifen zieht sich vom Schnabel bis zu den Ohrdecken hin. Wechselt nicht in ein Ruhekleid! Das Weibchen sieht dem Weibchen des Madagaskarwebers ähnlich, ist oberseits aber weniger gestrichelt und unterseits olivgrüner als dieses. Das Weibchen ist auch etwas kleiner als das Männchen. Die Stimme ist hoch zirpend.

Herkunft und Lebensweise: Bewohnt die Insel Mauritius der Maskarenen. Er bevorzugt den Wald und lebt vor allem von Insekten. Aber auch Früchte gehören zu seiner Nahrung, jedoch kaum Sämereien. Ist nicht in Schwärmen anzutreffen, sondern paarweise oder in Familiengruppen. Sein Nest baut der Mauritiusweber aus Wurzelfasern, anderen feinen Pflanzenfasern und Moos. Mischlinge mit dem seit mehr als 200 Jahren dort eingebürgerten Madagaskarweber sind beobachtet worden.

Haltung: Ist im Jahre 1875 im alten Berliner Aquarium gezeigt worden. Sonst ist über seine Einfuhr und Haltung nichts bekannt.

Komorenweber *(Foudia eminentissima),* auch Erzweber genannt, 6 Rassen

Kennzeichen: 14–15 cm. Das Männchen trägt ein rotes Kopfgefieder, das sich bis zur Brustmitte erstreckt. Rot sind auch die Oberschwanzdecken. Das übrige Gefieder ist olivgrün, wobei die Rücken-, Flügel- und Schwanzfedern schwarze Mitten haben. Unterseits ist das Olivgrün weißlich aufgehellt und rötlich verwaschen.

Junge Männchen haben weit weniger intensives Rot, ihre Oberschwanzdecken sind braun. Auch die Unterseite zeigt mehr Ocker. Das Weibchen zeigt insgesamt olivbraunes Gefieder, oberseits starke schwarze Streifung und weiße Federspitzen an den großen und mittleren Flügeldecken.

Herkunft und Lebensweise: Lebt auf den Komoren, Aldabra und Ost-Madagaskar. Dieser Weber ist Waldbewohner, wo er vor allem von Insekten und Früchten lebt. Nimmt zu Zeiten der Reife aber auch Sämereien auf. Besonders die Rasse *F. e. omissa* vom Osten Madagaskars ist mit dem Madagaskarweber zusammen auf Reisfeldern beobachtet worden. Ist in kleineren Gesellschaften anzutreffen. Das Nest wird aus dünnen Fasern gebaut, mit kräftigerem Gras an den Zweigen befestigt und obenauf mit Moos bedeckt.

Haltung: Bisher ist anscheinend nur ein einzelner Vogel von Karl Ruß gehalten worden.

Madagaskarweber *(Foudia madagascariensis),* Abb. 23 Seite 72

Kennzeichen: 14 cm, Männchen im Brutkleid rot. Schnabel, Zügel und Augenumgebung schwarz. Rücken, Flügeldecken, Schwingen und Schwanz schwarzbraun, auf dem Rücken mit roten Säumen, auf den kleinen und mittleren Flügeldecken mit braunen, auf den großen und den Schwingen mit gelblichbraunen Säumen. Bauchmitte weiß und rot verwaschen, Unterschwanzdecken hell graubraun. Augen braun, Füße bräunlich fleischfarben. Weibchen und Männchen im Ruhekleid graubraun, auf Rücken und Flügeln dunkler mit hellen Säumen (beim Männchen bleiben einige Säume auf dem Rücken rötlich). Beige sind Überaugstreif, untere Augenumrandung und kleiner Bartstreif. Schnabel hornfarben. Jungvögel ähnlich, doch brauner und matter. Stimme oft zu hören, ein hohes „zick", manchmal auch gereiht. Gesang grillenartiges, hohes Zirpen, ferner tiefes und melodisches „wuk-wuk-wuk".

Herkunft und Lebensweise: Seine Heimat ist Madagaskar. Wurde vom Menschen auf den Komoren, Seychellen, Amiranten, Maskarenen, auf einigen weiteren Inseln des Indischen Ozeans und auf St. Helena eingebürgert. Ist ein geselliger Vogel und kommt manchmal in großen Schwärmen in die Felder, besonders wenn der Reis reift. Ist in offenem und halboffenem Gelände anzutreffen, besonders in der Nähe von Gewässern und Sumpfgebieten. Brütet von Oktober bis Mai. Baut das Nest in Gebüsch und niedrige Bäume, und zwar aus Gräsern, die fest mit den umgebenden Zweigen verwoben werden. Der Einschlupf ist hoch an der Seite. Einige Grashalme bilden ein Dach über dem Einschlupf. Das Weibchen baut das Nest. Die 3–4 Eier sind hell blaugrün.

Haltung: Früher häufig eingeführt, jetzt durch Ausfuhrsperren Madagaskars nur äußerst selten. Sind sehr interessante Vögel, sollten paarweise in einer kleinen Voliere gehalten werden, da das Männchen im Brutkleid recht angriffslustig ist. Selbst größere Vögel werden gejagt, und besonders solche mit Rot in ihrem Gefieder. Außerhalb der Brutzeit können sie sogar mit kleineren Vögeln vergesellschaftet werden.

Zucht: Ist früher schon häufiger gelungen, auch in den letzten Jahren (Gef. Welt und AZ-Statistik von 1985 bis 1988). Bei einem Paar, das ich seit etwa 1 Jahr pflege, hat zwar das Weibchen Nestbauversuche unternommen, doch nie ein Nest fertiggestellt. Das Männchen balzt heftig und, während es im Prachtkleid ist, ständig. Es verfolgt das Weibchen, knackt mit dem Schnabel, sträubt das Gefieder etwas, läßt die Flügel hängen und versucht, das Weibchen zu „stellen". Hat es dies nach einer oft heftigen Jagd erreicht, breitet es die Flügel vor dem Weibchen weit aus und läßt seinen Gesang hören.

Ernährung: Wie beim Kardinalweber, nimmt viel Grünfutter, Früchte und Eifutter auf.

Gattung Blutkopfweber *(Quleopsis)* 2 Arten

Kardinalweber *(Queleopsis cardinalis)* 2 Rassen, Abb. 21 Seite 72

Kennzeichen: 11 cm, beim Männchen sind Kopf, Kinn und Kehle rot. Nacken und restliche Oberseite gelblich graubraun, die Federn der Rückenmitte und die Flügeldecken dunkel graubraun mit gelblich beigen Säumen. Der Schwanz ist kurz und braungrau. Brustseiten gelblich, braun gewölkt, Rest der Unterseite weißlich. Schnabel recht stark und horngelblich mit schwarzen Längsstreifen oder auch gänzlich schwarz, Augen dunkelbraun, Füße fleischfarben. Weibchen und Jungvögeln fehlt das rote Kopfgefieder. Es ist braun und schwärzlich fein längsgestreift und besitzt gelbliche Überaugstreifen. Ruft sanft „süht", ferner laut quietschend und zischend. Bei der Rasse *Q. c. rhodesiae* ist das Rot im Nacken scharf abgegrenzt, während es bei der Rasse *Q. c. cardinalis* allmählich in das Gelbgrau übergeht.

Herkunft und Lebensweise: Vom südlichen Äthiopien und Süd-Sudan bis Tansania und Ost-Sambia bewohnt der Kardinalweber den Trockenbusch. Hier im hohen Gras, im Gebüsch und Uferbewuchs zu finden. Baut sein Nest zwischen Gräsern und Kräutern. Es hat den Einschlupf seitlich oben, Blätter und Gräser der umstehenden Pflanzen über dem Nest zusammengewebt. Das Nest selbst besteht aus weichen Gräsern. Das Gelege besteht aus 2–3 Eiern, die blaßblau, blaugrün oder rosa sein können und rötlichgraue, braune und schwärzliche Flecke und Striche aufweisen. Ernährt sich von Grassamen, Getreide und Insekten. Ist außerhalb der Brutzeit in oft großen Schwärmen unterwegs. Unternimmt unregelmäßige Wanderungen und brütet auch zu sehr verschiedenen Zeiten.

Haltung: Ist ein ruhiger, recht friedlicher Pflegling, der sich gut für eine gemischte Volierenbesetzung eignet. Bisher nur selten angeboten, wohl auch mit der nächsten Art verwechselt.

Zucht: Ist wahrscheinlich noch nicht gelungen.

Ernährung: Hirse, Glanz, Unkrautsamen, alle auch gekeimt, Grünfutter und etwas tierische Nahrung wie Mehlwürmer, aber auch Eifutter.

Rotkopfweber *(Queleopsis erythrops)*, Abb. 22 Seite 72

Kennzeichen: 13 cm, wie der Kardinalweber, doch reicht das Rot des Kopfes bis weit in den Nacken, ist dafür an der Kehle weniger ausgedehnt und zeigt sich hier rotschwarz. Schnabel schwarz, an der Basis weißlich. Weibchen, Jungvögel und Männchen im Ruhekleid wie die des Kardinalwebers, nur größer. Lautäußerungen ebenfalls ähnlich.

Herkunft und Lebensweise: Ist von Senegal bis Süd-Äthiopien, südwärts durch Ostafrika bis Mozambique und Natal, von Malawi durch Sambia bis Angola verbreitet. Bewohnt feuchtes Grasland, Marschen, Sümpfe. Brütet kolonieweise im hohen Gras. Zumeist 2 Eier, ungefleckt, von bläulicher Farbe. Außerhalb der Brutzeit in oft großen Schwärmen, auch auf Kulturland.

Haltung: Wird nie in großer Zahl eingeführt. Ist friedlich und anspruchslos. Sollte in der Voliere gehalten werden, außer im Winter auch im Garten möglich.

Zucht: Mehrfach gelungen. Nest zwischen Schilfhalmen, Ginstergestrüpp und Gezweig aufgehängt, aus Gräsern gebaut und mit einem Dach versehen.

Ernährung: Wie Kardinalweber, zur Aufzucht der Jungen reichlich tierische Nahrung anbieten.

Gattung Blutschnabelwcbcr *(Quelea)* 1 Art

Blutschnabelweber *(Quelea quelea)* 4 Rassen, Abb. 27 und 28 Seite 106

Kennzeichen: 12 cm, Männchen im Brutkleid mit schwarzer Gesichtsmaske, die Augen, Wangen, Kinn und Kehle einschließt. Je nach Rasse ist ein schmales schwarzes Stirnband vorhanden *(Q. q. quelea)*, das gänzlich fehlen kann *(Q. q. aethiopica)* oder bis hinter die Augen reicht *(Q. q. lathamii)*. Umgebung der Maske gelblich braun, mehr oder weniger rötlich überhaucht. Auch die gesamte Unterseite ist hell rötlichbraun bis zimtbraun. Nur Bauchmitte und Unterschwanzdecken sind gelblichweiß. Oberseits ist der Blutschnabelweber graubraun, Rückenmitte, Flügeldecken, Schwingen und Schwanz dunkelbraun mit beigen Säumen. Schnabel und Lidring rot, Augen dunkelbraun, Füße fleischfarben. Es gibt eine Variante, die bei allen Rassen auftritt und Rußweber genannt wird. Sie besitzt keine schwarze Gesichtsmaske. Diese Partie ist zimtbraun und oft von herrlichem Lilarot umgeben. Männchen im Ruhekleid wie Weibchen, doch stets mit rotem Schnabel, während das Weibchen außerhalb der Brutzeit einen gelben Schnabel und gelbe Lidringe besitzt. Unterseits ist es blasser als das Männchen im Brutkleid, Oberkopf und Ohrdecken sind grau, der sehr deutliche und lange Überaugstreif ist gelblichweiß. Stimme ist ziemlich hartes „tschäk".

Herkunft und Lebensweise: Kommt von Senegal bis Äthiopien, von dort durch Ostafrika bis zur östlichen Kapprovinz vor, ferner von Angola und Sambia durch Botswana bis nach Südwest-Afrika. Bewohnt Steppen, Savannen und Kulturland, besonders gern feuchte Gebiete. Außerhalb der Brutzeit in oft riesigen Schwärmen, die in Schilfwäldern und hohem Gras übernachten. Tagsüber fallen sie in Getreide- und Hirsefelder ein und richten große Schäden an. Darum werden sie von allen afrikanischen Vögeln am heftigsten verfolgt. Brütet in großen Kolonien. Hängt sein kleines rundes Nest zwischen Schilf und hohe Gräser. Es wird in 1–2 Tagen aus grünen Gräsern gefertigt. Zumeist 3 hellblaue Eier mit mehr oder weniger zahlreichen braunen Flecken.

Haltung: Wird stets in großer Zahl eingeführt. Männchen bauen ständig Nester, auch wenn keine Weibchen anwesend und die Vögel erst wenige Tage in der neuen Umgebung sind. Leben friedlich mit anderen Vögeln im großen Bauer und in der Voliere. Am besten ist die Unterbringung in einer kombinierten Zimmer-Garten-Voliere, in die Blutschnabelweber, außer bei Frost, jederzeit hinausgelassen werden können. Die Voliere sollte mit Schilf, Ginster und Birkengezweig ausgestattet werden, in die die Nester gehängt werden.

Zucht: Gelingt trotz des großen Brûteifers selten. Die Weibchen sind recht vorsichtig und verlassen bei Störungen sofort das Nest. Bei zuverlässigem Brüten lassen sie dann die Jungen meistens verhungern. Während der Brutzeit können andere Volierenbewohner gejagt werden, ohne daß es zu Verletzungen kommt. In einer großen Voliere sollten 2–3 Paare gemeinsam gehalten werden.

Ernährung: Hirse, Glanz, geschälter Hafer, gekeimter Weizen, Grasrispen mit halbreifen Samen, Vogelmiere und Salat. Einige Mehlwürmer ab und an, zur

Brutzeit dagegen große Mengen tierischer Nahrung. Wachsmottenraupen, Heimchen und Fliegenmaden werden gern genommen, auch Ameisenpuppen. Die Vögel gehen auch an Ei- und Weichfutter.

Gattung Kurzschwanzweber *(Brachycope)* 1 Art

Kurzschwanzweber *(Brachycope anomala)*

Kennzeichen: 12 cm, Männchen hat gelbe Stirn und Brust. Wangen und Hals sind schwarz, Rücken und Flügel schwarz mit weißlichgelben Säumen. Schnabel schwarz, Füße braun. Das Weibchen ist graubraun gefärbt und oberseits längsgestreift. Der sehr kurze Schwanz ist ein gutes Erkennungszeichen.
Herkunft und Lebensweise: Kommt vom südöstlichen Kamerun, dem westlichen Kongo bis Nordost-Zaire vor. Ist Waldbewohner, auch an Waldrändern und auf Lichtungen anzutreffen.

Seite 105
Abb. 24. Feuerweber, Männchen (s. Seite 110)
Abb. 25. Tahaweber, ein Männchen der Rasse Nepoleonweber (s. Seite 109)

Seite 106
Abb. 26. Flammenweber, Männchen (s. Seite 113)
Abb. 27. Rußweber, eine Variante des Blutschnabelwebers (s. Seite 102)
Abb. 28. Blutschnabelweber, Männchen und Weibchen der Rasse Quela q. lathamii (s. Seite 102)

Seite 107
Abb. 29. Schildwida, Männchen (noch nicht ganz ausgefärbt) und Weibchen (s. Seite 115)
Abb. 30. Gelbschulterwida, Männchen der Rasse Gelbrückenwida (s. Seite 116)
Abb. 31. Spiegelwida, Männchen (s. Seite 117)
Abb. 32. Stummelwida, Männchen (s. Seite 118)

Seite 108
Abb. 33. Königswitwe, Männchen (s. Seite 129)
Abb. 34. Strohwitwe, Männchen (s. Seite 130)
Abb. 35. Dominikanerwitwen, Männchen und Weibchen (s. Seite 120)

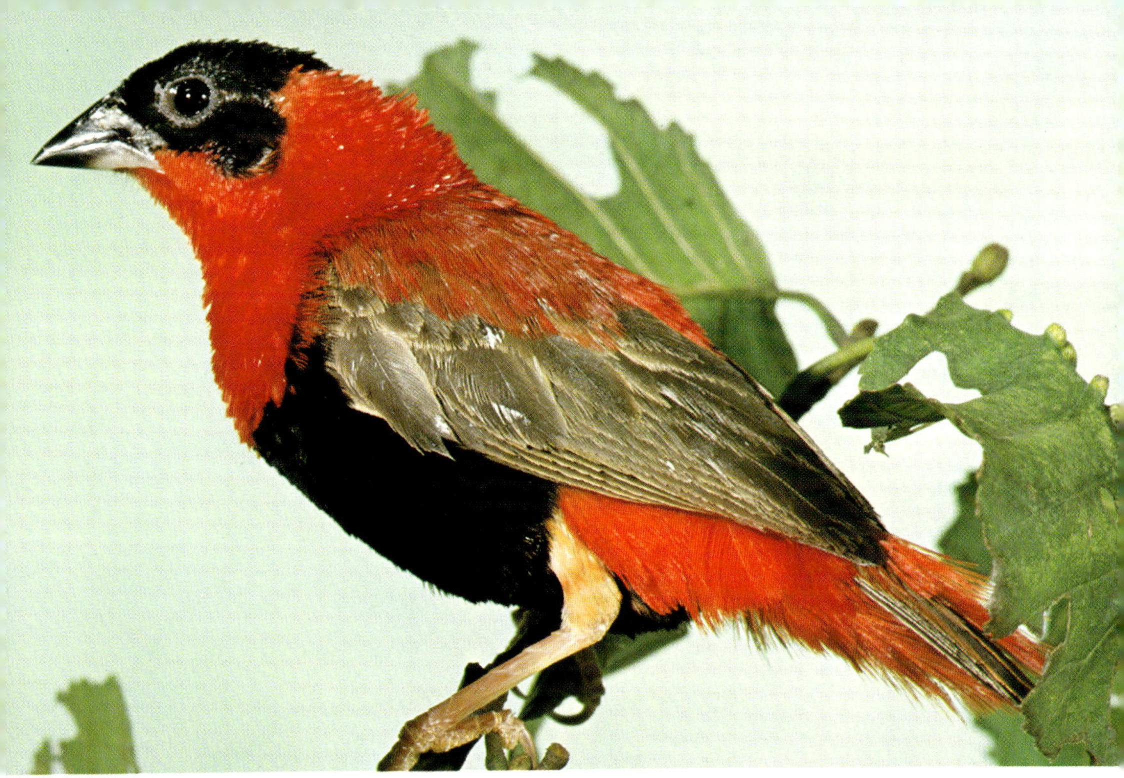

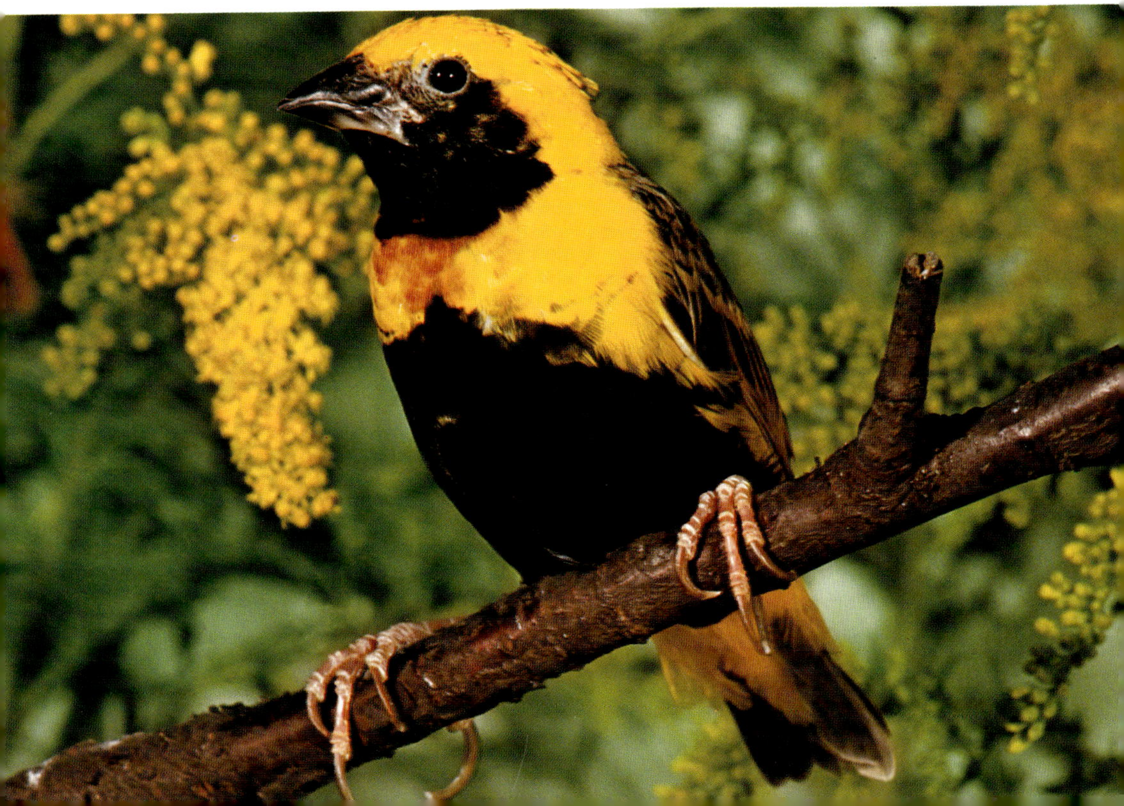

Gattung Feuerweber *(Euplectes)* 8 Arten

Tahaweber *(Euplectes afer),* die Nominatform ist als Napoleonweber bekannt.
5 Rassen, in 2 Rassengruppen, Abb. 25 Seite 105

Kennzeichen: 11 cm, das Männchen ist auf Kopf, Nacken, Rücken, Bürzel, Oberschwanzdecken, Brust und Flanken gelb. Schnabel, Stirnstreifen, Wangenflecke,
Kinn, Kehle, Bauch und Unterschwanzdecken schwarz. Flügeldecken, Flügel und
Schwanz schwarzbraun mit gelbbraunen Säumen. Augen dunkelbraun, Füße
bräunlich fleischfarben. Weibchen und Männchen im Ruhekleid oberseits graubraun mit Schwarz gestreift. Brust gelblich und gestreift, restliche Unterseite
weißlich. Gelbliche Gesichtzeichnung und streifige Flanken unterscheiden das
Weibchen von dem des Feuerwebers. Die Beschreibung trifft auf den Napoleonweber *(E. a. afer)* zu, von dem sich die anderen Rassen vor allem durch aus-
gedehnteres Schwarz auf der Unterseite und durch ein schwarzes Nackenband
unterscheiden. Der Gesang ist gackernd, zirpend und zischend.
Herkunft und Lebensweise: Ist von Senegal bis Äthiopien und südwärts bis Südwest-Afrika und zur östlichen Kapprovinz verbreitet. Lebt in sumpfigen Gebieten und an Ufern von Seen und Flüssen. Im Schilf und hohen Gras bilden die
Männchen Reviere, die sie heftig gegen Rivalen verteidigen. Dabei fliegen sie
aufgeplustert und schwirrend umher und lassen viel ihren Gesang vernehmen. Oft
mehrere Weibchen im Revier, damit auch Nester, die aus Gras gewoben sind, mit
feinen Fasern und Rispen gepolstert werden. Sie werden zwischen Gräsern und
in dichtem Gebüsch angelegt. Die 3–4 weißlichen bis grünlichen Eier sind dunkelbraun bis schwarz gefleckt. Grassamen und, vor allem zur Brutzeit, auch viele
Insekten bilden die Nahrung.
Haltung: Einer der bekanntesten und beliebtesten Weber, der gut in einem großen Bauer und in jeder Voliere gehalten werden kann. Ist recht friedlich, weshalb
er mit anderen Vögeln seiner Größe zusammen gepflegt werden kann. Baut fleißig Nester, doch selten bis zur Vollendung. Braucht für sein Wohlbefinden auf-
rechtstehende Halme, Bambusstauden, Ginstergestrüpp und Gezweig.
Zucht: Ist schon gelungen, der Erfolg bleibt oft aus, weil das Männchen das
Weibchen nicht ruhig brüten oder die Jungen füttern läßt, sondern von neuem
balzt und baut. Darum sollten zur Zucht mehrere Weibchen mit einem Männchen
in einer großen Voliere untergebracht werden. Das Weibchen allein brütet und
zieht die Jungen auf. Brutdauer 14 Tage, die Jungen fliegen nach 21 Tagen aus.
Ernährung: Außer Exotenmischfutter, vor allem gekeimt, sind Grünfutter, süßes
Obst und tierische Nahrung zu bieten, letztere vor allem wenn Junge gefüttert

werden. Mehlwürmer, Wachsmottenlarven und Fliegenmaden werden gern genommen, auch andere Insekten sowie Ei- und Weichfutter.

Diademweber *(Euplectes diadematus)*

Kennzeichen: 11 cm, das Männchen im Brutkleid ist fast völlig schwarz, auch der Schnabel ist schwarz. Stirn orangerot, Rücken, Bürzel, Schenkel und Unterschwanzdecken goldgelb. Flügeldecken und Schwingen schwarz mit sandgelben Säumen. Augen dunkelbraun, Füße bräunlich fleischfarben. Männchen im Ruhekleid, Weibchen und Jungvögel oberseits schwarz und sandfarben gefleckt. Kinn, Kehle und Flanken gelblichbeige mit dunkleren Flecken, Brust und Bauch weißlich, Schwingen mit gelblichen Säumen. Schnabel hornfarben. Gesang zirpend und zischend, Ruf scharf „zie-zie".
Herkunft und Lebensweise: Kommt in Südost-Somalia, Ost-Kenia und Nordost-Tansania vor, und zwar auf Kulturland entlang der Küste, in Gebüsch an Ufern von Flüssen, an Wegen und in buschreichem Grasland. Sein Nest baut er vor allem in Wassernähe. Bildet kleinere Kolonien und baut in Gebüsch und hohem Gras. Sträubt bei der Balz das gelbe Bürzel- und Rückengefieder und fliegt schwirrend über seinem Revier hin und her. Ernährt sich von Grassamen und Insekten.
Haltung: Soll erst 1965 erstmals eingeführt worden sein, seither auch nur sehr selten.
Ich habe ihn bei einem englischen Liebhaber gesehen, wo er mit anderen kleinen Webern und mit Prachtfinken eine kombinierte Innen-Garten-Voliere bewohnte. Zeigte sich verträglich, auch zutraulich und lebhaft.
Zucht: Ist noch nicht gelungen.
Ernährung: Wie Tahaweber, vielleicht noch mehr süßes Obst.

Feuerweber *(Euplectes franciscanus),*

auch Orangeweber genannt, doch sollte dieser Name vermieden werden, da dieser Weber im Brutkleid in der Natur stets rot ist, und nur in der Gefangenschaft nach Orange hin verblaßt, 2 Rassen, Abb. 24 Seite 105

Kennzeichen: 12 cm, beim Männchen im Brutkleid sind Schnabel, Stirn, Oberkopf, Gesichtsseiten, Brust und Bauch schwarz. Kinn, Kehle, Vorderbrust, Halsseiten, Nacken, Rücken, Bürzel, Oberschwanzdecken, Unterschwanzdecken und

Flanken sind rot. Flügeldecken, Schwingen und Schwanzfedern dunkel graubraun mit beigen Säumen, Schenkel orangebräunlich. Augen dunkelbraun, Füße fleischfarben. Weibchen und Männchen im Ruhekleid oberseits hellbraun und schwarz gestreift, unterseits sandgelb ohne Flecke, Kinn und Bauch weißlicher. Gelblichweißer Überaugstreif. Schnabel und Füße hellbräunlich. Läßt heiseres Zischen, Schnarren und Schilpen hören.

Herkunft und Lebensweise: Bewohnt Grasland, Savannen, Farmland, Ufergebüsch und Schilf von Senegal und Kamerun bis Äthiopien und Somalia. Außerhalb der Brutzeit in oft riesigen Schwärmen, die vor allem in Hirsefeldern großen Schaden anrichten. Übernachten dann auch gemeinsam in Schilf und Gebüsch. Zur Brutzeit meistens nur kleinere Kolonien, in denen jedes Männchen ein Revier beansprucht, eine Anzahl von Nestern baut und 2–4 oder 5 Weibchen hat. Die Nester sind rund bis eiförmig und haben über dem seitlichen Einschlupf einen dachartigen Vorbau. Für den Nestbau werden grobe Gräser, Grasblätter und Rispen verwendet, letztere zum Auspolstern. Die 3–4 Eier sind blau und nur selten rotbraun gefleckt, vor allem am stumpfen Ende. Das Männchen hüpft in schnurrendem Fluge aufgeplustert über seinem Revier auf und ab. Es werden außer Sämereien viele Insekten und Früchte aufgenommen.

Haltung: Ist einer der bekanntesten und am häufigsten gepflegten Weber. Läßt sich in einem großen Bauer und in der Voliere halten, ist recht friedlich, außer zur Brutzeit.

Zucht: Gelingt nur selten. Sollte mit 3–4 Weibchen alleine in einer Voliere untergebracht werden. Braucht Schilf und Gebüsch, zum Nestbau frische, weiche Grashalme.

Ernährung: Wie beim Tahaweber beschrieben, vielleicht noch mehr Früchte, was neben viel Sonnenbestrahlung hilft, sein rotes Brutkleid nach der Mauser wiederzuerlangen.

Oryxweber *(Euplectes orix),* auch Grenadierweber genannt, 3 Rassen
Einbandbild

Kennzeichen: 13 cm, Männchen im Brutkleid hat Stirn, vorderen Teil des Oberkopfes, Gesicht, Kinn, Brust und Bauch schwarz. Oberkopf, Nacken, Halsseiten, Kehle und Unterschwanzdecken sind orangerot. Rücken braun, Flügel und Schwanz hell braungrau, Bürzel und Oberschwanzdecken gelblichorange. Schnabel schwarz, Augen dunkelbraun, Füße fleischfarben. Weibchen, Männchen im Ruhekleid und Jungvögel sind gelblich graubraun, oberseits durch dunklere Federmitten gestreift wirkend. Ein gelblicher Überaugstreif ist deutlich sichtbar.

Schnabel hornbraun. Ruf schilpend, Gesang krächzend, zirpend und zischend, vom Männchen während der Brutzeit sehr fleißig vorgetragen.

Herkunft und Lebensweise: Von Süd-Kenia und Angola bis zur Kapprovinz Südafrikas. Ist vor allem in Sümpfen und an Ufern anzutreffen, die mit Schilf und hohem Gras bewachsen sind. Übernachtet auch in Schilfwäldern. Männchen verteidigt ein Revier, das es mit bis zu 4 Weibchen teilt. Nest hängt zwischen Gräsern und Schilfhalmen, ist beutelförmig, mit seitlichem Einschlupf und einem Dach über dem Eingang. Es wird sehr dünnwandig aus frischen Gräsern gefertigt. Die zumeist 2 Eier sind bläulich. Männchen plustert sich während der Paarungszeit oft zu einer Kugel auf und steigt immer wieder zu kurzen Balzflügen auf. Auch in Zuckerrohr- und Maisfeldern, außerhalb der Brutzeit auch auf Getreidefeldern und anderem Kulturland. Ernährt sich außer von Körnern und Grünem auch von Insekten, füttert die Jungen hauptsächlich damit.

Haltung: Wird meistens nur in kleiner Zahl eingeführt. Ist leicht einzugewöhnen und gut in Gesellschaft anderer Vögel zu halten. Zeigt sich höchstens zur Brutzeit etwas zänkisch. Volierenhaltung ist Voraussetzung. Am besten, wenn jederzeit eine Gartenvoliere aufgesucht werden kann. Schilf, Ginster und Bambus sind für eine natürliche Einrichtung geeignet.

Zucht: Gelingt am besten, wenn ein Männchen mit mehreren Weibchen in einer Voliere gehalten wird. Die Brutzeit beträgt 14 Tage, die Jungen fliegen nach 21 Tagen aus.

Ernährung: Wie Feuerweber.

Brandweber *(Euplectes nigroventris)*

Kennzeichen: 10 cm, das Männchen hat im Brutkleid Schnabel, Kopfseiten und die gesamte Unterseite, außer Unterschwanzdecken, schwarz. Stirn, Oberkopf, Nacken, Bürzel, Ober- und Unterschwanzdecken sind rot, Rücken und Flügeldecken rötlichbraun. Flügel und Schwanz schwarzbraun mit hellbraunen Säumen. Augen dunkelbraun, Füße bräunlich fleischfarben. Weibchen, Männchen im Ruhekleid und Jungvögel sind oberseits hellbraun mit schwarzbraunen Schaftstrichen, unterseits weißlich. Nur Kehle und Flanken sind bräunlicher. Weißlichgelber Überaugstreif, Schnabel hornfarben. Rufe und Gesang scharf zirpend, zischend und schnurrend.

Herkunft und Lebensweise: Lebt vor allem im Küstengebiet von Ost-Kenia südwärts bis zum Nordosten Mozambiques, ferner auf den Inseln Sansibar und Pemba. Streift außerhalb der Brutzeit in Schwärmen umher. Brütet in kleinen Kolonien im Gebüsch, in Grasständen und im Schilf. Männchen bilden Reviere, die sie gegen Rivalen verteidigen. Verpaart sich mit mehreren Weibchen. Balzt aufgeplustert. Die eiförmigen Nester werden aus Gräsern gebaut und mit Rispen und Fasern gepolstert. Die 2–3 hellblauen Eier tragen dunkle Flecke und Punkte.

Haltung: Ein recht seltener Gast in den Volieren der Liebhaber. Zeigt sich friedlich, außer zur Brutzeit. Braucht eine mit Schilf und Gestrüpp ausgestattete Voliere.

Zucht: Soll schon einige Male gezüchtet worden sein.

Ernährung: Wie beim Tahaweber beschrieben.

Flammenweber *(Euplectes hordeaceus)* 2 Rassen, Abb. 26 Seite 106

Kennzeichen: 13 cm, Schnabel schwarz, an der Basis weißlich. Schwarz sind auch Gesichtsseiten, Kinn, Brust, Bauch, Flügel und Schwanz. Die Flügeldecken haben schmale weiße Säume. Stirn, Oberkopf, Nacken, Halsseiten und breites Kehlband rot, ebenso Bürzel und Oberschwanzdecken. Rücken braun, Unterschwanzdecken und Schenkel hell zimtbräunlich mit orangem Anflug. Augen dunkelbraun, Füße hornbraun. Weibchen und Männchen im Ruhekleid sind sehr gestreift auf der Oberseite, und zwar graubraun und schwarz. Unterseits gelbgrau mit wenigen schmalen Streifen an Brust und Seiten. Überaugstreif gelblich, Schnabel hornbraun. Zischt, zwitschert und kreischt.

Herkunft und Lebensweise: Ist von Senegal bis Äthiopien und südwärts bis Angola, Rhodesien und Mozambique zu Hause, ferner auf São Tomé vor Westafrika sowie auf Sansibar und Pemba vor Ostafrika. Außerhalb der Brutzeit in Flügen und Schwärmen, oft mit anderen Webern vereint. Ist vor allem im Grasland, Schilf, Gebüsch, in Zuckerrohr- und Maisfeldern anzutreffen. Jedes Männchen beansprucht ein Revier in der lockeren Kolonie, ist polygam und hat zumeist 2–3 Weibchen. Nester sind aus Gräsern gebaut, hängen zwischen Halmen, Kräutern oder Gebüsch. Der seitliche Einschlupf ist von Grasrispen überdacht. Die 2–4 hell blaugrünen Eier haben nur selten Flecke. Das Männchen zeigt sich ständig auf Grasspitzen oder in kurzem Balzflug mit gesträubten roten Federpartien. Ernährt sich von allerlei Sämereien, auch von Getreide, von Früchten und Insekten.

Haltung: Wird hin und wieder eingeführt. Läßt sich gut in einer geräumigen Voliere pflegen, verhält sich außerhalb der Brutzeit auch sehr friedlich gegenüber anderen Vögeln. Kann mit Ausnahme des Winters auch in die Gartenvoliere gelassen werden.

Zucht: Ist schon gelungen. Die Brutzeit beträgt 12 Tage. Wenn nur ein Paar gehalten wird, brütet auch das Männchen gelegentlich. Besser ist, dem Männchen mehrere Weibchen zuzugesellen.

Ernährung: Wie beim Tahaweber beschrieben. Auch Getreide wie Weizen, Nackthafer und geschälten Hafer anbieten.

Bischofweber *(Euplectes gierowii)* 3 Rassen

Kennzeichen: 15 cm, im Brutkleid hat das Männchen Schnabel, Stirn, Kopfseiten, Kinn, Flügeldecken, Flügel, Schwanz und Bauch schwarz. Vom Oberkopf bis zum Bürzel orange, auch ein breites Band um Halsseiten, Kehle und obere Brust. Männchen im Ruhekleid, Weibchen und Jungvögel oberseits dunkelbraun mit gelblichbraunen Säumen, daher grob gestreift und gefleckt erscheinend. Überaugstreif gelblichbraun, Wangen dunkler. Brust etwas rötlichbraun gefleckt. Schnabel hornfarben.
Herkunft und Lebensweise: Ist von Süd-Äthiopien und dem Süden des Sudans bis zum Norden Tansanias und von Nord-Angola bis zum unteren Kongo verbreitet. Lebt in hohem Gras, Schilf und Gebüsch in der Nähe von Gewässern oder in Sümpfen. Auch auf Zuckerrohr- und Maisfeldern. Hängt sein Nest, das aus grobem Gras gewoben wird und eine Polsterung aus Fasern und Rispen erhält, zwischen dichtstehende Halme, meistens in lockeren Kolonien. Die 3–4 Eier sind matt und von blaugrüner Farbe. Ist polygam.
Haltung: Wird nur selten angeboten. Über seine Pflege ist nichts bekannt geworden, sollte aber der des Feuerwebers und der übrigen nahen Verwandten gleichen.
Ernährung: Wie die des Tahawebers.

Goldrückenweber *(Euplectes aureus)*

Kennzeichen: 13 cm, Schnabel, Kopf, Kinn, Kehle, Brust und Bauch sind schwarz. Nacken, Rücken und Bürzel goldgelb, die Bürzelfedern mit schwarzen Säumen. Flügeldecken, Flügel, Oberschwanzdecken und Schwanz bräunlichschwarz mit gelblichweißen Säumen. Schenkel bis Unterschwanzdecken weiß. Augen braun, Füße graubraun. Weibchen und Männchen im Ruhekleid oberseits zimtbraun, durch schwarze Schaftstriche deutlich gestreift. Überaugstreif, Gesichtsseiten und Kinn gelblichweiß, ebenso der Bauch. Kehle, Brust und Körperseiten sind bräunlich, an den Brustseiten mit schwarzen Streifen. Der Schnabel ist hornbraun.
Herkunft und Lebensweise: Ist auf der westafrikanischen Insel São Tomé beheimatet, ferner im Küstengebiet Angolas und hier vielleicht nur eingebürgert. Über das Leben in der Natur ist wenig bekannt.

Haltung: Soll schon eingeführt worden sein. Zeigt sich sehr unverträglich. Hat eine wohlklingendere Stimme als die nahen Verwandten.

Gattung Schildwidas *(Niobella)* 1 Art

Schildwida *(Niobella ardens)* 5 Rassen, Abb. 29 Seite 107

Kennzeichen: Männchen im Brutkleid 28 cm, sonst 13 cm. Bis auf ein rotes Band quer über die Vorderbrust schwarz, auch Schnabel, Augen und Füße. Bei den beiden Rassen *N. a. suahelica* und *N. a. laticauda,* die aus dem Nordosten Tansanias, aus dem Hochland von Kenia und Äthiopien stammen und Rotscheitelwida genannt werden, sind auch Oberkopf und Nacken rot. Die Rasse *N. a. concolor* ist völlig schwarz, deshalb Einfarbwida genannt; lebt in Westafrika. Männchen im Ruhekleid gleichen den Weibchen, sind nur etwas kräftiger gestreift. Weibchen oberseits sandbraun mit schwarzen Streifen. Kehle gelblich, Brust und Flanken bräunlich, Bauchmitte weiß, breiter beiger Überaugstreif. Schnabel und Füße hornbraun. Singt zischend, zirpend und kratzend, ruft hoch zirpend.
Herkunft und Lebensweise: Lebt von Senegal ostwärts bis zum Süden des Sudans und Äthiopien, südwärts bis Angola und zur östlichen Kapprovinz, und zwar in hohem Gras, Schilf und Gebüsch. Ist in kleinen Gesellschaften anzutreffen, in denen die Weibchen zahlreicher sind. Das Männchen baut mehrere Nester niedrig zwischen Halmen, verteidigt sein Revier, in dem 2–4 Weibchen brüten. Singend zeigt das Männchen seinen niedrigen Balzflug. Die 2–3 Eier sind glänzend blaugrün oder graugrün und mit vielen Flecken gezeichnet.
Haltung: Unschwer einzugewöhnen. Im Ruhekleid und allein mit anderen Vögeln gehalten friedlich, zur Brutzeit jagen sich die Männchen gegenseitig, oft auch andere Vögel.
Zucht: Schon öfter gelungen. Am besten ist ein Männchen mit mehreren Weibchen in einer Voliere zu halten, die mit Gestrüpp und Schilf ausgestattet ist.
Ernährung: Wie Tahaweber.

Gattung Epaulettenwidas *(Coliuspasser)* 7 Arten

Samtwida *(Coliuspasser capensis),* auch Samtweber genannt, 7 Rassen

Kennzeichen: 16 cm, Männchen schwarz mit leuchtend gelben Schultern, Bürzel und Oberschwanzdecken. Schnabel grau, Augen und Füße braun. Weibchen und

Männchen im Ruhekleid graubraun mit schwarzen Streifen auf der Oberseite. Bürzel gelbbraun. Unterseite hellbraun gestreift, Bauchmitte weißlich. Schnabel hornfarbig. Stimme tief zirpend und zwitschernd, auch krächzend.

Herkunft und Lebensweise: Ist von Nordost-Nigeria bis Kamerun, von Äthiopien durch Ostafrika bis Angola und zur südlichen Kapprovinz verbreitet. Lebt in besonders hohem Gras, und zwar nicht sehr gesellig, sondern nur in kleinen Gruppen. Ein Männchen besitzt ein Revier mit meistens 3–5 Weibchen. Bei der Balz fliegt das Männchen aufgeplustert und mit schwirrendem Flügelschlag auf das Weibchen zu und läßt sich vor ihm auf den Boden fallen. Das Nest ist sehr groß aus grünen Gräsern gefertigt und niedrig zwischen Gräsern und Kräutern aufgehängt. Zur Auspolsterung werden Federn verwendet. Die 2–4 Eier sind weißlich bis hellbraun oder hellgrün und tragen dunkelbraune Striche und Flecke. In der Ruhezeit mit anderen Webern umherstreifend.

Haltung: Selten eingeführt. Gut einzugewöhnen, ruhig und friedlich.

Zucht: Ist schon gelungen. Bambus- oder Schilfdickichte sind erforderlich.

Ernährung: Wie Tahaweber.

Gelbschulterwida *(Coliuspasser macrourus)* 4 Rassen, Abb. 30 Seite 107

Kennzeichen: Männchen im Brutkleid bis 23 cm, sonst 14 cm, Weibchen 12 cm. Schwarz, auch Schnabel und Füße. Schultern, bei der Rasse Gelbrückenwida *(C. m. macrourus)* auch der Rücken, sind goldgelb. Die Säume der Flügeldecken und der Schwingen sind beige. Das Weibchen ist oberseits beige und schwärzlich gestreift, unterseits gelblicher und an Brust und Flanken leicht gestreift. Männchen im Ruhekleid wie Weibchen, doch behält es gelbes Schulter- und Rückengefieder. Stimme hoch zwitschernd, etwa wie „schii-i-i", ferner Zischen und Schnurren.

Herkunft und Lebensweise: Ist von Senegal bis Äthiopien, durch Ostafrika und das Kongogebiet bis Angola, Rhodesien und Mozambique verbreitet. Vor allem in feuchtem Grasland zu finden. Männchen sitzen auf hohen Grashalmen oder hervorragenden Zweigen von Gebüsch, sträuben das Nackengefieder und das gelbe Gefieder von Schultern und Rücken, singen und fliegen tief über ihrem Brutrevier hin und her. Das Nest wird in niedriges Gras oder in Gebüsch gebaut. Die zumeist 2 Eier sind grünlichblau und mit vielen kleinen graubraunen Punkten und Kritzeln versehen. Außerhalb der Brutzeit in oft großen Schwärmen anzutreffen.

Haltung: Nicht schwierig. Recht verträglich, anspruchslos und ruhig. Ein einzelnes Männchen kann gut in einer Gesellschaftsvoliere gepflegt werden. Bei Zuchtabsichten sollte ein Männchen mit mehreren Weibchen in einer mit Gräsern, Schilf und Bambus ausgestatteten Voliere untergebracht werden.

Zucht: Die Unterart Gelbrückenwida ist von W. Hermann 1977 nachgezogen worden (Gef. Welt, Heft 1/1978).

Ernährung: Wie Tahaweber.

Spiegelwida *(Coliuspasser albonotatus),* auch Weißflügelwida genannt, 4 Rassen, Abb. 31 Seite 107

Kennzeichen: Männchen im Brutkleid 18 cm, Weibchen 13 cm, Männchen im Ruhekleid 14 cm. Schwarz, nur Schultern gelb, Flügelspiegel weiß, besonders im Fluge deutlich zu sehen. Schnabel stahlgrau, Augen braun, Füße schwarz. Weibchen oberseits schwarz und graubraun gestreift. Die Schulterfedern haben gelbe Säume. Unterseits beige mit undeutlichen dunkleren Streifen an Brust und Flanken. Gesichtsseiten und Kinn gelblich. Männchen behält im Ruhekleid die gelben Schultern und weißen Flügelspiegel, sonst dem Weibchen ähnlich. Jungvögel sind bräunlicher. Hat einen zwitschernden und zischenden Gesang.

Herkunft und Lebensweise: Kommt in Darfur im Sudan, ferner von Äthiopien durch Ostafrika bis Angola und südwärts bis Nord-Botswana, Ost-Transvaal und Natal vor. Bewohnt Grasland in trockenen Gebieten. Männchen sitzen an hohen Gräsern, rufen und spreizen ihre langen Schwanzfedern. Sind polygam und verteidigen ihr recht großes Revier gegen andere Männchen. Zeigen auch Balzflüge. Das Nest wird zwischen hohen Gräsern angelegt. Die 2–3 Eier sind blaugrün und besitzen graue und braune Flecke und Punkte.

Haltung: Wird recht häufig eingeführt. Sollte nur mit größeren Vögeln zusammen in einer Voliere untergebracht werden. Kann zur Brutzeit unverträglich werden.

Zucht: Gelingt am besten in einer großen Voliere mit hohen Gräsern, Schilf, Bambus und bei Haltung eines Männchens mit 4–5 Weibchen.

Ernährung: Wie Tahaweber.

Hartlaubwida *(Coliuspasser hartlaubi)* 3 Rassen

Kennzeichen: 20 cm, Weibchen 14 cm. Fast ganz schwarz, orangegelber Schulterfleck. Schnabel blaugrau, Augen und Füße braun. Weibchen bräunlich und stark gestreift, unterseits hellbraun mit dunkleren Streifen. Unterschwanzdecken schwärzlich. Schnabel und Füße hornbraun. Männchen im Ruhekleid ähnlich, doch größer und an den orangen Schulterflecken zu erkennen. Jungvögel sind brauner. Rufe laut und scharf zirpend und zischend.

Herkunft und Lebensweise: Lebt in Kamerun, ferner von Angola durch Nord-Sambia und Süd-Zaire bis Nord-Malawi, Süd-Tansania, West-Kenia und Süd-Uganda. Nur an Gewässern anzutreffen, und zwar an Seen, Flußufern und Sümpfen. Baut das Nest an Gräsern, die im Wasser stehen, oder in sumpfigem, unzugänglichem Grund. Die 2 hellblaugrünen Eier sind grau und braun gezeichnet. Das Männchen verteidigt ein Revier und mehrere Weibchen, fliegt von einem bestimmten Ansitz sein Gelände ab.

Hahnschweifwida *(Coliuspasser progne)* 4 Rassen, Abb. 58 Seite 148

Kennzeichen: Männchen im Brutkleid bis zu 75 cm, sonst wie das Weibchen 15 cm. Trägt völlig schwarzes Gefieder. Nur Schultern orangerot, mittlere Flügeldecken beige. Schnabel blaugrau, Augen dunkelbraun, Füße schwärzlich. Weibchen und Männchen im Ruhekleid oberseits gelblichbraun mit dunkelbraunen Streifen, unterseits beige, ebenfalls dunkler gestreift. Männchen behält seine roten Schulterflecke. Schnabel hornbraun. Rufe scharf.
Herkunft und Lebensweise: Bewohnt das östliche Südafrika, nordwärts bis zum Hochland von Kenia, westwärts bis Angola. Lebt im hohen Gras und Schilf, gern in der Nähe von Wasser. Ein bis zwei Männchen mit mehreren Weibchen anzutreffen. Brüten auch in lockeren Kolonien. Nester im Gras versteckt, rund mit seitlichem Einschlupf. 3–4 grünlichweiße Eier mit blaßbraunen Flecken. Männchen zeigt schwerfälligen Balzflug, wobei es das Nackengefieder zu einer großen Halskrause plustert. Außerhalb der Brutzeit in größeren Schwärmen, oft mit anderen Widavögeln zusammen. Übernachten in Schilfbeständen.
Haltung: Anspruchslos und unempfindlich. Nur für eine große Voliere geeignet, bei frostfreiem Wetter auch für die Gartenvoliere. Sollte nur mit größeren Vögeln vergesellschaftet werden. Kleinere werden zwar nicht angegriffen, doch durch die Balzflüge erschreckt.
Zucht: Ist in einer großen, gut eingerichteten Voliere möglich und auch schon gelungen.
Ernährung: Wie beim Tahaweber beschrieben.

Stummelwida *(Coliuspasser axillaris),* auch Rotschulterwida genannt,
6 Rassen, Abb. 32 Seite 107

Kennzeichen: 16 cm, Weibchen 12 cm. Ganz schwarz, nur orange oder rote Schultern (je nach Rasse) und gelblichbraune Säume an den Flügeldecken und Schwingen. Schnabel horngelb, Augen und Füße schwarzbraun. Weibchen oberseits braun und schwarz gestreift, Kinn weiß, Kehle und Brust bräunlich. Schnabel hornfarben. Männchen im Ruhekleid ähnlich, doch stets mit orangen bzw. roten Schultern. Beim Weibchen sind die Schulterfedern nur orange gesäumt. Gesang ist hoch schnurrend, zirpend und zwitschernd.

Herkunft und Lebensweise: Kommt im Gebiet des oberen Niger, ferner von Kamerun bis Nord-Äthiopien, von dort südwärts bis Angola und durch Mozambique bis Natal und zur südöstlichen Kapprovinz vor. Ist im hohen Gras der Sümpfe, der Fluß- und Seeufer anzutreffen. Baut sein kugeliges Nest zwischen Gräser und zieht deren Spitzen zu einem Dach über dem Nest zusammen. Die 2–3 Eier sind grüngrau oder bläulich und mit rotbraunen Flecken versehen. Über dem Revier mit mehreren Weibchen zeigt das Männchen seinen langsamen Balzflug und läßt seinen Gesang fast ununterbrochen hören. Verteidigt sein Revier sehr heftig gegen Rivalen.

Haltung: Nicht schwer einzugewöhnen. Kann, außer im Winter, auch in der Gartenvoliere gehalten werden. Ist im Brutkleid jedoch ziemlich unverträglich, weshalb er nur mit größeren Arten vergesellschaftet werden sollte. Braucht Gräser, Schilf, Bambus usw. in seiner Voliere.

Zucht: Bei der Haltung eines Männchens mit mehreren Weibchen in einer großen Voliere nicht unmöglich. Das Nest wird ziemlich niedrig in Gebüsch oder zwischen Gräsern angelegt. Nur das Weibchen brütet und zieht die Jungen auf. Brutdauer 12–13 Tage, die Jungen fliegen mit 23–26 Tagen aus und sind weitere 2 Wochen später selbständig.

Ernährung: Wie beim Tahaweber beschrieben.

Leierschwanzwida *(Coliuspasser jacksoni),* auch Tanzwida oder Jacksonwida genannt

Kennzeichen: Männchen im Prachtkleid bis 35 cm, sonst wie Weibchen 14 cm. Schwarz mit gelbbraunen Flügeldecken und Säumen an den Schwingen. Der lange schwarze Schwanz ist leierförmig nach vorn gebogen. Schnabel blaugrau, Augen dunkelbraun, Füße schwärzlich. Weibchen, Männchen im Ruhekleid und Jungvögel hellbraun mit schwarzbrauner Streifung oberseits, unterseits beige, in der Bauchmitte weiß. Schnabel und Füße gelbbraun. Stimme knarrend und zischend, tief flötend und trillernd.

Herkunft und Lebensweise: Ist in Kenia und Nord-Tansania beheimatet, und zwar in Grasbeständen des Hochlandes. Brütet in hohem Gras. Die Balz wird rund um ein Grasbüschel vorgetragen. Dabei stellt das Männchen die Nackenfedern hoch, vor allem aber den Schwanz, der dann über Kopf und Nacken herabhängt. Nun werden bis fast meterhohe Luftsprünge gemacht, die Flügel dabei gespreizt gehalten. Bald ist um den Balzplatz eine Gesellschaft von Weibchen und unausgefärbten jungen Männchen versammelt und das Gras rund um das Büschel plattgetreten. Die Nester sind zwischen Gräsern aufgehängt und haben über dem seitlichen Einschlupf ein Dach aus frischen Gräsern. Die 2–4 Eier sind hell blaugrün und haben braune Flecken. Ernährt sich vor allem von Grassamen und Getreide, besonders wenn außerhalb der Brutzeit in Schwärmen unterwegs.

Haltung: Wird nur hin und wieder angeboten, meistens auch keine Weibchen. Zeigt sich sehr friedlich und kann mit anderen Vögeln, auch kleineren, zusammen eine Voliere bewohnen. Muß frostfrei überwintert werden.

Zucht: Ist schon gelungen. Zwischen Bambus, Schilf oder Ginster wird das Nest gebaut. Die Brutzeit beträgt 12 Tage. Das Weibchen brütet alleine und zieht auch die Jungen auf, und zwar vorwiegend mit Sämereien.

Ernährung: Hirse, Glanz, Weizen, Nackthafer, alles auch gekeimt, ferner Grünes und süßes Obst. Mehlwürmer, andere Insekten, Ei und Weichfutter werden nur in kleiner Menge genommen.

Gattung Schmalschwanzwitwen *(Vidua)* 2 Arten

Dominikanerwitwe *(Vidua macroura)*, Abb. 35 Seite 108

Kennzeichen: Männchen im Brutkleid bis 33 cm, sonst wie Weibchen 12 cm. Kinn, Zügel, Stirn, Oberkopf, Nackenmitte, Rücken, breite Schulterflecke, Flügel und Schwanz schwarz. Gesichtsseiten, Nackenband, Unterseite, Flügelflecke und Bürzel weiß. Säume der Schwingen hellbraun. Schnabel rot, Augen und Füße dunkelbraun. Weibchen oberseits hell rotbraun und schwarz gestreift. Der Kopf zeigt sehr markante schwärzliche und hell rotbraune Längsstreifung, wobei Überaugstreif und Wangenfleck hell sind. Unterseits weißlich, nur an Brust und Flanken bräunlicher. Schnabel, Augen und Füße wie beim Männchen. Jungvögel haben einen braunen Schnabel und sind matter braun gefärbt. Ruft scharf „zipp" und singt zwitschernd und zirpend.

Herkunft und Lebensweise: Fast über das gesamte Afrika südlich der Sahara verbreitet. Lebt im Grasland, in den Dornbusch-Savannen und vor allem auf Kulturland. Ist in kleinen Flügen anzutreffen, die überwiegend aus Weibchen und unausgefärbten Männchen bestehen. Männchen sitzen gern auf den obersten Zweigen von Büschen und Bäumen und singen. Der Balzflug ist rüttelnd über einem Weibchen. Wie alle Witwen, ist auch die Dominikanerwitwe Brutschmarotzer. Sie legt ihre Eier in die Nester von Wellen- und Grauastrilde. Die Eier sind weiß, die Jungen zeigen die gleiche Färbung und Rachenzeichnung wie die kleinen Prachtfinken, mit denen sie gemeinsam aufwachsen.

Haltung: Wird von allen Witwen am häufigsten eingeführt. Ist leicht zu pflegen, darf außer im Winter auch in die Gartenvoliere. Kann sich recht unverträglich zeigen, indem sie durch ihr Balzgebaren kleinere Vögel, vor allem Prachtfinken, beunruhigen kann. Nach meiner Erfahrung gewöhnen sich die meisten Mitbewohner schnell an die Rüttelflüge, vor allem, wenn die Voliere Ausweichmöglichkeiten und Verstecke bietet, ferner mehrere Futterstellen vorhanden sind.

Zucht: Ist mit Hilfe der Brutwirte und auch mit Amaranten gelungen. Die Voliere muß sehr groß sein und möglichst mehrere Paare der Wirtsvögel beherbergen.

Ernährung: Vor allem Exotenmischfutter, auch gekeimt. Grünes und Früchte werden gern genommen, auch etwas tierische Nahrung.

Glanzwitwe *(Vidua hypocherina)*, Abb. 56 Seite 148

Kennzeichen: Männchen im Hochzeitskleid bis 26 cm, sonst wie das Weibchen 12 cm. Ganz schwarz mit violettblauem Schimmer. Unterflügeldecken weiß, ebenso schmale Säume an den Schwingen. Schnabel weißlichrot, Augen dunkelbraun, Füße grau, Weibchen ähnelt dem der Dominikanerwitwe, jedoch mit hornbraunem Schnabel, Unterseite nicht bräunlich, sondern weiß. Männchen im Ruhekleid ähnlich. Stößt schrille Rufe aus, singt flötend und zwitschernd.

Herkunft und Lebensweise: Ist in Ostafrika von Äthiopien bis Mittel-Tansania beheimatet. Unterscheidet sich in der Lebensweise kaum von der Dominikanerwitwe. Ist häufig in Gesellschaft von Atlaswitwen, Amaranten und anderen Prachtfinken anzutreffen. Ist Brutschmarotzer beim Elfen- und Feenastrild.

Haltung: Wird nur sehr selten eingeführt. Wie Dominikanerwitwe, doch etwas ruhiger.

Zucht: Noch nicht gelungen.

Ernährung: Wie Dominikanerwitwe.

Gattung Atlaswitwen *(Hypochera)* 7 Arten

Grotes Atlaswitwe *(Hypochera camerunensis)*

Kennzeichen: 11 cm, schwarz mit dunkelblauem Glanz. Flügel und Schwanz schwarzbraun mit weißlichen Säumen. Schnabel weißlich, Augen dunkelbraun,

Füße hell bräunlich. Weibchen und Männchen im Ruhekleid sind grauer als andere Atlaswitwen Gesang hübsch flötend.
Herkunft und Lebensweise: Ist von Senegal bis Äthiopien verbreitet. Ist Brutparasit bei allen Rassen des Larvenamaranten *(Lagonosticta larvata)*. Lebt wie dieser in offenem Grasland, vor allem aber in Wassernähe.
Haltung, Zucht und Ernährung: Wie bei der Rotfuß-Atlaswitwe beschrieben.

Purpuratlaswitwe *(Hypochera purpurascens)*

Kennzeichen: 11 cm, schwarz mit purpurrotem bis bläulichem Glanz. Flügel- und Schwanzfedern sind braun. Schnabel weiß, Augen dunkelbraun, Füße weißlich bis rötlichweiß. Weibchen und Männchen im Ruhekleid wie die der anderen Atlaswitwen, doch sind sie in ihrem Verbreitungsgebiet die einzigen hellfüßigen. Schnabel des Weibchens weiß bis hellbraun.
Herkunft und Lebensweise: Lebt von Transvaal nordwärts bis Kenia und evtl. bis Äthiopien in Grasland, an Waldrändern und Flußufern. Ist Brutparasit beim Rosenamaranten *(Lagonosticta rhodopareia)*.
Haltung, Zucht und Ernährung: Wie Rotfuß-Atlaswitwe.

Traueratlaswitwe *(Hypochera funerea)* 5 Rassen

Kennzeichen: 11 cm, schwarz mit rötlichviolettem, rötlichblauem, grünblauem oder grünem Glanz (je nach Rasse), mit dunkelbraunen Schwingen, einigen weißen Federn an beiden Seiten des Bürzels, weißlichem Schnabel, braunen Augen und weißlichen oder roten Füßen (je nach Rasse). Weibchen wie die der anderen Atlaswitwen, doch etwas rötlichbrauner und kräftiger gestreift. Männchen im Ruhekleid ähnlich. Ruft scharf „tscha" und singt leise zwitschernd.
Herkunft und Lebensweise: Ist von der östlichen Kapprovinz durch Natal, Ost-Transvaal, Malawi, Sambia und Ostafrika bis zum Süd-Sudan verbreitet, und zwar in 3 rotfüßigen Rassen, ferner in Nord-Angola, Süd-Zaire und am Unterlauf des Kongos durch die hellfüßige Rasse *H. f. nigerrima* sowie von Kamerun westwärts bis Mali durch die ebenfalls hellfüßige Rasse *H. f. nigeriae*. Lebensweise wie die anderer Atlaswitwen. Ist Brutparasit beim Dunkelroten Amaranten *(Lagonosticta rubricata)*.
Haltung, Zucht und Ernährung: Wie Rotfuß-Atlaswitwe.

122

Wilsons Atlaswitwe *(Hypochera wilsoni)*

Kennzeichen: 11 cm, schwarz mit violettblauem Glanz. Schwingen und Schwanz sind heller braun, als bei den anderen Arten. Der Schnabel ist weißlich, ebenso die Füße, Augen dunkelbraun. Das Weibchen ist rötlichbrauner und weniger kräftig gestreift. Männchen im Ruhekleid ähnlich. Läßt neben lauten Rufen auch einen melodischen Gesang hören.

Herkunft und Lebensweise: Ist von Westafrika bis Süd-Sudan und Uganda zu Hause. Bewohnt den gleichen Lebensraum wie der Seltene Amarant *(Lagonosticta rara)*, bei dem sie Brutparasit ist.

Haltung, Zucht und Ernährung: Siehe Rotfuß-Atlaswitwe.

Rotfuß-Atlaswitwe *(Hypochera chalybeata)* 6 Rassen, Abb. 37 Seite 125

Kennzeichen: 11 cm, Männchen schwarz mit stahlblauem Glanz bei der Rasse *H. c. ultramarina,* weshalb sie „Blauer Stahlfink" genannt wird, mit grünlichblauem Glanz bei der Nominatform und einigen anderen Rassen, und mit grünem Glanz bei einer Variante der Nominatform, die früher als *Hypochera aenea* bezeichnet wurde. Schwingen und Schwanz schwarz. Schnabel gelblichweiß, bei der Rasse *H. c. amauropteryx* rot, darum als Rotschnabel-Atlaswitwe bekannt. Augen dunkelbraun, Füße rötlich bis rot. Männchen im Ruhekleid und Weibchen gleich gefärbt. Oberseits beigebraun mit dunkelbraunen Schaftstrichen. Scheitelstreif sandfarben, Überaugstreif dunkelbraun. Kinn und Kehle weißlichgrau, Unterseite weißlich, nur an Brust und Flanken etwas bräunlicher. Rufe und Gesang stimmen mit denen des Prachtfinken Amarant *(Lagonosticta senegala)* überein, bei dem sie Brutschmarotzer ist. Selbst die Bettelrufe nestjunger Amaranten werden imitiert.

Herkunft und Lebensweise: Ist von Senegal bis Äthiopien, von dort südwärts durch Ostafrika bis Angola, zum nördlichen Südwest-Afrika und bis Transvaal und Zululand verbreitet. Bewohnt damit den gesamten Lebensraum des Amaranten mit seinen 9 Rassen. Die Rotfuß-Atlaswitwe ist überall in Savannen, im Grasland, auf Weiden, Feldern, Plantagen und in Dörfern und Städten zu finden. Sie sucht ihre Nahrung, Hirse und Grassamen, auf dem Boden. Ist in Gruppen und Schwärmen anzutreffen, oft in Gesellschaft mit Amaranten. Legt seine weißen Eier in die Nester dieser Prachtfinken.

Haltung: Ein beliebter Vogel für Bauer und Voliere. Im Bauer kann er allerdings andere kleine Vögel durch seine rüttelnden Balzflüge und sein lautes Warngeschrei einschüchtern. Darum ist die Unterbringung in einer Voliere ratsamer. Ist wenig empfindlich und kann, außer im Winter, in der Gartenvoliere gehalten werden.

Zucht: Ist mit Hilfe des Amaranten schon öfter gelungen. Amaranten ziehen ihre und die Stiefkinder gemeinsam und sehr zuverlässig auf, werden Nistkörbchen oder kleine, halboffene Kästen geboten. In einer sehr großen Voliere können sogar mehrere Amaranten-Paare gehalten werden, was die Chance einer erfolgreichen Aufzucht der Rotfuß-Atlaswitwen erhöht. Wie diese können auch die anderen Atlaswitwen-Arten durch ihre spezifischen Amaranten-Arten gezüchtet werden. Allerdings ist es bei ihnen schwieriger, denn die anderen Amaranten werden viel seltener eingeführt und sind weit schwerer zur Brut zu bringen.

Ernährung: Altvögel sind mit Hirsesorten und Glanz zufrieden. Das Körnerfutter sollte auch gekeimt gereicht werden. Außerdem sind halbreife Unkrautsamen und Grasrispen begehrt, ferner Vogelmiere und anderes Grünfutter. Daneben wird nur wenig tierische Nahrung angenommen. Die Jungen werden dagegen überwiegend mit Insekten von ihren Pflegeeltern aufgezogen. Darum sind Ameisenpuppen, Getreideschimmelkäferlarven, kleine Mehlwürmer, Fliegenmaden, Wachsmottenlarven und Wiesenplankton zu reichen. Der Amarant nimmt auch Weich- und Eifutter an.

Seite 125
Abb. 36. Langschwanz-Paradieswitwe, Männchen (s. Seite 131)
Abb. 37. Rotfuß-Atlaswitwe, Männchen (s. Seite 123)
Abb. 38. Spitzschwanz-Paradieswitwe, Männchen (s. Seite 133)

Seite 126
Abb. 39. Maronensperling, Männchen (s. Seite 134)
Abb. 40. Maronensperling, Weibchen (s. Seite 134)
Abb. 41. Braunrücken-Goldsperling, Männchen (s. Seite 135)
Abb. 42. Braunrücken-Goldsperling, Weibchen (s. Seite 135)

Seite 127
Abb. 43. Haussperling, Männchen außerhalb der Brutzeit (s. Seite 139)
Abb. 44. Feldsperling, eine asiatische Rasse (s. Seite 137)

Seite 128
Abb. 45. Augenbrauensperling (s. Seite 150)
Abb. 46. Buschsperling (s. Seite 151)
Abb. 47. Steinsperling (s. Seite 149)

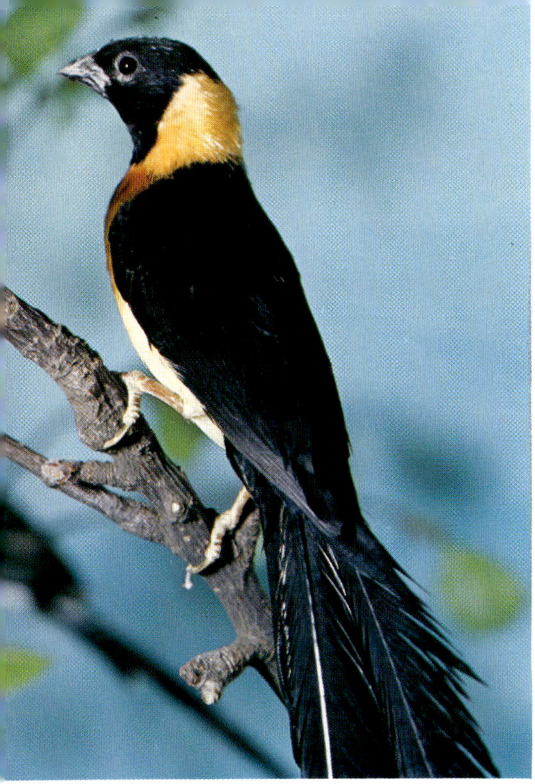
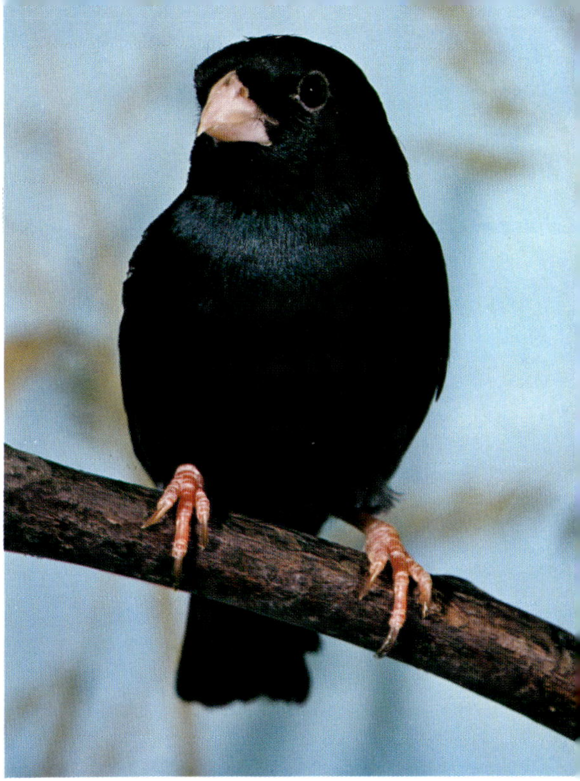
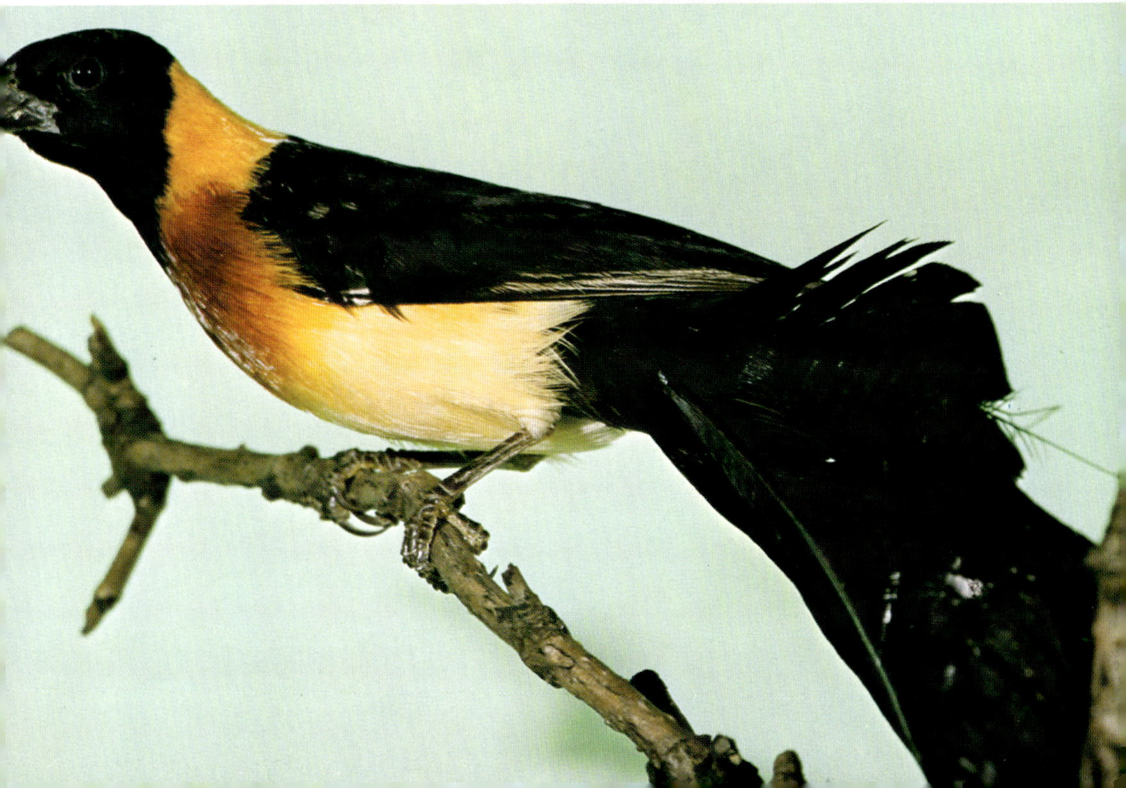

Lorenz' Atlaswitwe *(Hypochera lorenzi)*

Kennzeichen: 11 cm, schwarz mit violettem Glanz, Flügel und Schwanz braun, Füße fleischfarben. Schnabel weißlich. Weibchen ähnlich denen der anderen Atlaswitwen, doch fehlt bisher eine Beschreibung. Gesang und Rufe enthalten Lautäußerungen des Pünktchenamaranten *(Lagonosticta rufopicta),* bei dem diese Witwe Brutparasit ist.

Herkunft und Lebensweise: Bisher nur aus Nigeria bekannt, aber wahrscheinlich von Senegal bis Äthiopien, dem südlichen Sudan und dem nördlichen Uganda verbreitet, also über den ganzen Lebensraum des Pünktchenamaranten. Lebt wie dieser in Savannen, besonders in feuchten Gebieten, aber auch in der Nähe menschlicher Ansiedlungen.

Haltung, Zucht und Ernährung: Wie Rotfuß-Atlaswitwe. Erst 1972 von Dr. J. Nicolai als neue Art erkannt und beschrieben. Ein lebendes Weibchen, als Nestling gefunden und von Mövchen aufgezogen, brachte er nach Deutschland mit.

Nicolais Atlaswitwe *(Hypochera incognita)*

Kennzeichen: 11 cm, schwarz mit dunkelviolettem Glanz. Flügel und Schwanz braun, Schnabel weißlich, Füße hell fleischfarben. Weibchen mit dunkler Streifenzeichnung am Oberkopf, Rückenfedern mit dunklen Säumen. Lautäußerungen wie Großer Pünktchenamarant *(Lagonosticta nitidula).* Bei dieser Prachtfinkenart ist Nicolais Atlaswitwe Brutschmarotzer.

Herkunft und Lebensweise: Ist aus Angola und dem südlichen Zaire bekannt. Lebt in feuchten Gebieten mit dichtem Gras- und Schilfbestand.

Haltung, Zucht und Ernährung: Wurde unter importierten Vögeln von Dr. J. Nicolai gefunden und als neue Art beschrieben (1972). Er erkannte sie an ihren Rufen und dem Gesang als Brutparasiten des Großen Pünktchenamaranten.

Gattung Dornbuschwitwen *(Tetraenura)* 2 Arten

Königswitwe *(Tetraenura regia)* 2 Rassen, Abb. 33 Seite 108

Kennzeichen: Männchen im Brutkleid bis 32 cm, sonst 13 cm, Weibchen 12 cm. Zügel, vordere Gesichtshälfte, Stirn, Oberkopf, Rücken, Flügel, Schwanz, Bürzel, Oberschwanzdecken, Unterschwanzdecken und Schenkel schwarz, Flügel und Schwanz mit hellbraunen Säumen. Die 4 mittleren Schwanzfedern besitzen ganz schmale Fahnen, die nur an den Enden pfeilspitzenartig verbreitert sind. Diese Federn sind etwa 20 cm lang. Kopfseiten, breites Nackenband, Kinn, Kehle, Brust und Bauch sind gelblichbraun. Schnabel und Füße rot, Augen schwarzbraun. Männchen im Ruhekleid und Weibchen hellbraun mit dunkelbrauner Zeichnung auf der Oberseite. Gesichtsseiten, Kehle und Brust gelblichbraun, restliche Unterseite weißlich. Schnabel und Füße rötlich. Stimme zum Teil harsch und heiser, zum Teil sehr wohlklingend flötend und zwitschernd. Es sind deutlich Rufe und Gesangsteile des Granatastrilds *(Uraeginthus granatinus)* darunter, bei dem die Königswitwe Brutparasit ist.

Herkunft und Lebensweise: Lebt in großen Teilen Südafrikas, von der nördlichen Kapprovinz und dem südlichen Südwestafrika bis Süd-Angola und West-Rhodesien, ferner in Süd-Mozambique. Ist in kleinen Gruppen, in denen die Weibchen in der Überzahl sind (polygam), in den Dornbusch-Savannen anzutreffen. In der Brutzeit der Granatastrilde verteidigen die Männchen der Königswitwe Territorien gegen Rivalen. Die Weibchen legen 1–2 weiße Eier in jedes Nest der Granatastrilde.

Haltung: Ist nicht schwer einzugewöhnen. Sollte in einer größeren Voliere gehalten werden. Zeigt sich auch kleineren Vögeln gegenüber friedlich. Nur hin und wieder rüttelt sie mit schnurrendem Flügelschlag und lauten Rufen über den Mitbewohnern.

Zucht: Ist bei gemeinsamer Haltung mit Granatastrilden schon gelungen, und zwar in einer sehr großen Voliere in Südafrika. Da der Granatastrild in Europa selten Zuchterfolge bringt, wird auch die Königswitwe schwer zu züchten sein. Über Brutversuche berichtet W. Büsgen in der Gef. Welt, Heft 4/1981.

Ernährung: Siehe Rotfuß-Atlaswitwe.

Strohwitwe *(Tetraenura fischeri),* auch Fischerwitwe genannt, Abb. 34 Seite 108

Kennzeichen: Männchen im Brutkleid bis 31 cm, sonst 12 cm, Weibchen 11 cm. Stirn und Oberkopf bräunlichbeige, Gesichtsseiten, Kinn, Kehle, Hinterkopf und die restliche Oberseite schwarz. Schwingen und Schwanz schwarzbraun mit schmalen sandbraunen Säumen, an Bürzel und Oberschwanzdecken sind die Säume breiter. Die 4 mittleren Schwanzfedern, bis 22 cm lang, sehen wie Strohhalme aus, sind cremeweiße Schäfte mit ganz schmalen Fahnen. Unterseite weißlich, an Brust und Flanken rostbraun verwaschen. Schnabel und Füße rot, Augen dunkelbraun. Männchen im Ruhekleid und Weibchen sind oberseits hellbraun und schwarzbraun gestreift, auf dem Kopf rötlichbraun, unterseits weißlichbraun. Schnabel und Füße rot, bei Jungvögeln bräunlich. Ruft scharf „zit", hart „trrrr", schilpt heiser und hat einen sehr abwechslungsreichen, zum Teil außerordentlich schönen trillernden, zwitschernden und flötenden Gesang. Viele der Motive sind dem Gesang des Veilchenastrilds *(Uraeginthus ianthinogaster)* entnommen, bei dem die Strohwitwe Brutschmarotzer ist.

Herkunft und Lebensweise: Kommt von Süd-Äthiopien und Somalia südwärts bis Tansania vor. Bewohnt die Savannen mit Dorngebüsch. Während der Brutzeit der Veilchenastrilde ist zumeist 1 Männchen mit 3–6 Weibchen zusammen anzutreffen. Ist polygam. Die Männchen fliegen bei der Balz senkrecht auf und nieder, wobei sie laute Rufe ausstoßen. Oft halten sie sich auch an dem Zweig fest, während sie kräftig und rhythmisch mit den Flügeln schlagen.

Haltung: Wird regelmäßig in kleiner Zahl eingeführt. Ist ein anspruchsloser, sehr friedlicher Pflegling für die größere Voliere. Macht durch seinen netten Gesang und sein interessantes Verhalten sehr viel Freude. Liebt es warm und sollte darum in einem leicht geheizten Innenraum überwintert werden.

Zucht: Da Veilchenastrilden bisher nur wenige Male erfolgreich gezüchtet wurden, stößt die Zucht der Strohwitwe auf noch größere Schwierigkeiten. Sie ist wohl noch nie gelungen.

Ernährung: Wie Rotfuß-Atlaswitwe.

Gattung Paradieswitwen *(Steganura)* 3 Arten

Langschwanz-Paradieswitwe *(Steganura interjecta)* 2 Rassen, Abb. 36 Seite 125

Kennzeichen: Männchen der Rasse *S. i. interjecta* im Brutkleid bis 42 cm, die der Rasse *S. i. togoensis* bis 50 cm, sonst 14 cm, Weibchen 12 cm. Kopf, Kinn und Kehle schwarz, ebenso Rücken, Bürzel, Oberschwanzdecken, Flügel, Unterschwanzdecken und Schwanz. Von den 4 verlängerten Schwanzfedern sind die inneren ziemlich schlank und etwa 15 cm lang, die äußeren bis 38 cm lang und gleichmäßig 2 $\frac{1}{2}$–3 cm breit bis zum abgerundeten Ende. Das Nackenband ist tief goldgelb bis bräunlichgelb, die Brust ist kastanienbraun, der Bauch bräunlichweiß. Schnabel und Augen schwarz, Füße schwarzbraun. Männchen im Ruhekleid und Weibchen sind sperlingsartig gefärbt, mit weißem Mittelstreifen auf dem Scheitel, weißen Überaugstreifen, dazwischen schwarzbraune Streifen, ebenso in der Ohrgegend. Unterseite weißlich, an der Brust bräunlich und etwas gefleckt. Schnabel hornbraun. Stimme metallisch schrill „tiek", Gesang mit hübsch flötenden und trillernden Passagen, die dem Rotmaskenastrild *(Pytilia hypogrammica*) und dem Auroraastrild *(Pytilia phoenicoptera)* abgelauscht wurden. Diese Prachtfinken sind die Brutwirte für die beiden Rassen der Langschwanz-Paradieswitwe.

Herkunft und Lebensweise: Bewohnt Dornbusch-Savannen, Kulturland, Wegränder und Ortschaften von Sierra Leone bis zum südlichsten Sudan. Männchen zeigt rüttelnde Schauflüge als Teil der Balz, wobei die vier verlängerten Schwanzfedern durch Aneinanderreiben ein kratzendes und knisterndes Geräusch verursachen. Der Gesang wird von einer erhöhten Warte aus vorgetragen, ein größeres Revier gegenüber artgleichen Männchen verteidigt. Die Weibchen legen ihre weißen Eier in die Nester der obengenannten Prachtfinken. Sie sind etwas größer als die der Wirtsvögel. Die jungen Witwen werden mit den Jungen der Prachtfinken gemeinsam aufgezogen. Außerhalb der Brutzeit in oft größeren Schwärmen.

Haltung: Nicht schwer einzugewöhnen, auch recht friedlich, doch können kleinere Mitbewohner einer Voliere durch den Balzflug und die langen Federn erschreckt werden. Die Langschwanz-Paradieswitwe sollte in einer mit Buschwerk ausgestatteten Voliere, im Sommer auch in einer Gartenvoliere, untergebracht werden.

Zucht: Soll mit dem Amaranten *(Lagonosticta senegala)* als Wirtsvogel schon gelungen sein.

Ernährung: Wie Rotfuß-Atlaswitwe.

Breitschwanz-Paradieswitwe *(Steganura obtusa)*

Kennzeichen: Männchen im Brutkleid bis 34 cm, sonst 14 cm, Weibchen 12 cm. Gefiederzeichnung wie Langschwanz-Paradieswitwe. Das Kastanienbraun der Brust ist ausgedehnter und kräftiger. Bestes Erkennungszeichen: die bis 22 cm langen, sehr breiten (5–6 cm), nicht zugespitzten, sondern am Ende abgerundeten Schwanzfedern. Männchen im Ruhekleid und Weibchen wie bei der vorigen Art. Gesang dem des Wienerastrilds *(Pytilia afra)* ähnlich, bei dem diese Paradieswitwe Brutparasit ist.

Herkunft und Lebensweise: Kommt von Kenia bis Mozambique und Nord-Transvaal vor, westwärts durch Malawi, Sambia und Süd-Zaire bis Angola. Lebensraum und Verhalten wie bei der vorigen Art beschrieben.

Haltung: Nicht von der der vorigen Art abweichend.

Zucht: Es sind von Wienerastrilden mehrmals Breitschwanz-Paradieswitwen aufgezogen worden. Dafür sind große Volieren mit guter Bepflanzung erforderlich.

Ernährung: Wie bei der Rotfuß-Atlaswitwe beschrieben.

132

Spitzschwanz-Paradieswitwe *(Steganura paradisaea)* 3 Rassen, Abb. 38 Seite 125

Kennzeichen: Männchen im Prachtkleid bis 40 cm, sonst 15 cm, Weibchen 13 cm. Wie Langschwanz-Paradieswitwe, doch laufen die längsten beiden Schwanzfedern allmählich spitz aus. Sie sind bei der Rasse *S. p. orientalis* etwas breiter und nur bis 22 cm lang. Diese Rasse hat ein ziemlich hell strohgelbes Nackenband. Bei der Rasse *S. p. aucupum* sind die Schwanzfedern bis 26 cm lang und das Nackenband kräftig, orangebraun, fast kastanienbraun. Bei der Nominatform *S. p. paradieaea* erreichen die Schwanzfedern eine Länge von 28 cm, und das Nackenband ist hell goldgelb. Im Ruhekleid und Weibchen ähnlich wie die Langschwanz-Paradieswitwe. Neben metallisch schrillen Rufen zart flötender Gesang, der dem des Buntastrilds *(Pytilia melba)* ähnelt, der als Brutwirt herhalten muß. *Herkunft und Lebensweise:* Ist von Senegal durch Nord-Nigeria, Tschad, Sudan bis Äthiopien zu Hause, von dort südwärts durch Ostafrika bis Süd-Angola, dem nördlichen Südwestafrika, Transvaal und Nord-Natal. Ist vor allem in Savannen mit Dornbüschen und Akazien anzutreffen. Im Brutkleid ist ein Männchen von mehreren Weibchen umgeben. Es zeigt dann Schauflüge, bei denen die beiden mittleren, sehr breiten Schwanzfedern hochgestellt werden. Fliegt hin und her, auf und ab und rüttelt auch auf der Stelle. Kratzendes Geräusch der verlängerten Schwanzfedern durch Reiben aneinander ist Teil des Balzspiels. Kehrt immer wieder zum gleichen Ast zurück, der den Busch oder Baum überragt. Außerhalb der Fortpflanzungszeit oft in größeren Gruppen.
Haltung: Ein recht friedlicher und genügsamer Pflegling für Voliere und die Gartenvoliere (außer im Winter). Kann einzeln in Gesellschaft anderer Vögel oder mit mehreren Weibchen gehalten werden. Sind Weibchen dabei, oder sogar weitere Männchen, zeigen sich die Vögel natürlich unruhiger zur Fortpflanzungszeit. Dann sollten nicht zu kleine und zarte Vögel hinzukommen.
Zucht: Sehr schwer mit Hilfe des Buntastrilds möglich, da dieser selbst schwierig zu züchten ist. Soll aber mit Hilfe des Amaranten gelungen sein.
Ernährung: Siehe Rotfuß-Atlaswitwe.

Gattung Kuckucksweber *(Anomalospiza)* 1 Art

Kuckucksweber *(Anomalospiza imbertis),* Abb. 48 Seite 145

Kennzeichen: 14 cm, beim Männchen Oberkopf olivgoldgelb, die restliche Oberseite olivgrün, auf Rücken und Flügeln mit dunklen Schaftstrichen. Gesichtsseiten und die gesamte Unterseite ist leuchtend gelb. Entlang den Flanken einige dunkle Streifen. Augen braun, Schnabel und Füße schwarzbraun. Nach der Mauser trägt das Männchen ein insgesamt matteres Gefieder, das auf dem Kopf grünlicher und streifiger ist, auf dem Rücken und der Unterseite grauer. Das leuchtende Brutkleid erhält es allmählich wieder, nämlich durch Abnutzung der matten Federsäume, nicht durch eine zweite Mauser, wie dies bei den eigentlichen Webern der Fall ist, die ein Pracht- und ein Ruhekleid tragen. Das Weibchen ist bräunlicher und gestreifter, auch auf dem Kopf, unterseits weißlicher. Jungvögel noch brauner und streifiger. Stimme schwatzend, trillernd und zwitschernd.

Herkunft und Lebensweise: Bewohnt von Sierra Leone in Westafrika bis Äthiopien, von dort südwärts bis Süd-Zaire und Transvaal Grasland, Dornbusch-Savannen, Kulturland, auch Gärten, Wegränder und Ufergebüsch. Ist außerhalb der Brutzeit seiner Wirtsvögel in Schwärmen oder Gruppen anzutreffen. Brütet nicht selbst, sondern legt seine weißlichblauen Eier in die Nester verschiedener Vögel, vor allem in die der Grassänger *(Cisticola)* und der Prinien *(Prinia),* die reine Insektenfresser sind. Von manchen Autoren wird angenommen, daß er auch bei Rebhuhnastrilden, Wachtelastrilden und verschiedenen Sperlingen parasitiert. Als erwachsener Vogel nimmt der Kuckucksweber vorwiegend Grassamen und andere Sämereien auf, Grünes und wohl auch Früchte.

Haltung: Wird nicht häufig eingeführt. Nicht empfindlich, doch nur bei wärmerem Wetter ständig in der Gartenvoliere zu halten. Eine Voliere ist erforderlich, da im Bauer sehr scheu. Zeigt sich recht verträglich. Sollte mit Arten, die als Brutwirte dienen können, zusammen untergebracht werden. Da aber die Zucht der Wirtsvögel schwierig ist, steht die Zucht des Kuckuckswebers vor großen Schwierigkeiten. Auch soll der junge Kuckucksweber die Jungen des Wirtsvogels bald nach dem Schlupf aus dem Nest werfen.

Ernährung: Sämereien, auch gekeimt, Grünes und süßes Obst. Die Jungen werden von ihren Pflegeeltern ausschließlich mit kleinen Insekten aufgezogen.

Gattung Maronensperlinge *(Sorella)* 1 Art

Maronensperling *(Sorella eminibey),* auch Eminsperling oder Emingoldsperling genannt, Abb. 39 und 40 Seite 126

Kennzeichen: 11 cm, Männchen fast kastanienbraun. Flügel- und Schwanzfedern schwarzbraun mit gelbbraunen Säumen. Schnabel schwarz, Augen dunkelbraun,

Füße bräunlich fleischfarben. Weibchen graubraun, oberseits dunklere Federn mit hellen Säumen, dadurch gestreift wirkend. Oberkopf grau, Überaugstreif, Kinnfleck, Bürzel und Oberschwanzdecken hell kastanienbraun. Unterseite hellgrau, zur Bauchmitte hin weißlich, Schnabel hell hornbraun, Füße fleischfarben. Ruft weich klingelnd „gügügüg". Gesang recht hübsch zwitschernd.

Herkunft und Lebensweise: Vom Sudan und Äthiopien bis Kenia in der Dornbuschsavanne anzutreffen. Bevorzugt Sumpfgebiete, kommt aber auch in Ortschaften. Sein Nest wird zumeist hoch in Baumkronen gefunden. Es könnte sich dabei um Webernester handeln, die er für seine Zwecke ausbaut. Ernährt sich vor allem von Grassamen und Insekten. Die zumeist 3–4 weißlichgrünen Eier besitzen dunkle Flecke und Strichel.

Haltung: Zeigt sich anfangs scheu. Ist leicht einzugewöhnen. Meine Vögel sind allen Prachtfinken und Webern gegenüber sehr friedlich.

Zucht: Soll lt. L. Keidel (AZN, Heft 4/1976) K. Sabel schon 1964 gelungen sein. Danach gelang mir im Sommer 1975 ein Zuchterfolg. Das Paar baute ein Nest aus Kokosfasern in ein geflochtenes Nistkörbchen. Es wurden 3 Eier gelegt. Nach 11 Tagen schlüpften 2 Junge. Sie wurden anfangs von beiden Eltern mit Getreideschimmelkäferlarven, Mehlwürmern und Eifutter versorgt, nach 3 Tagen nur noch vom Weibchen. Mit 16–17 Tagen flogen die Jungen recht gut befiedert und einigermaßen flugfähig aus. Sie wurden vom Weibchen noch 14 Tage lang gefüttert (AZN, Heft 2/1976).

Ernährung: Siehe Braunrücken-Goldsperling.

Gattung Goldsperlinge *(Auripasser)* 2 Arten

Braunrücken-Goldsperling *(Auripasser luteus),* Abb. 41 und 42 Seite 126

Kennzeichen: 13 cm, Männchen goldgelb, auf dem Rücken kastanienbraun, Schultern, Flügel und Schwanz grauer braun. Der Schnabel ist zur Brutzeit schwarz, sonst hell hornbraun. Die Augen sind dunkelbraun, die Füße fleischfarben. Das Weibchen ist hell sandbraun, unterseits heller, Kinn und Kehle weißlich. Ein weißgelber Überaugstreif setzt sich gut gegen einen zimtbraunen Streif ab, der sich vom Auge zur Nackenseite hinzieht. Die großen Flügeldecken, die Schwungfedern und Schwanzfedern sind dunkelbraun und breit sandfarben gesäumt. Schnabel rosig hornfarben, Augen dunkelbraun, Füße fleischfarben. Jungvögel sind den Weibchen ähnlich. Rufe ähneln denen des Haussperlings. Wenn ärgerlich, eine ganz schnelle Folge von Warnlauten.

Herkunft und Lebensweise: Ist von Mali (Westafrika) bis Tibesti, zum Ost-Sudan und zum Küstengebiet Äthiopiens verbreitet. Oft in großen Schwärmen in Steppen, auf Feldern und in Ortschaften anzutreffen. Brütet in dichten Kolonien in kleinen Bäumen und Sträuchern. Das Nest ist sehr umfangreich, oval, und zumeist aus feinen Gräsern gebaut. Der Einschlupf ist überdacht. Die 3–4 weißlichen Eier sind braun und grau gefleckt und getupft. Grassämereien und andere Samen bilden die Hauptnahrung. Auch viel Grünes wird aufgenommen, die Jungen anfangs vor allem mit Insekten aufgezogen.

Haltung: Wird von allen Sperlingen am häufigsten gehalten. Ist leicht einzugewöhnen, verträglich, auch kleinen Prachtfinken gegenüber, und zeigt sich bald sehr zutraulich. Er kann paarweise in einem größeren Bauer untergebracht werden, eignet sich aber für eine größere Gesellschaftsvoliere besser. Auch in einer Gartenvoliere kann er ganzjährig gehalten werden, wenn er jederzeit einen mäßig warmen Innenraum aufsuchen kann. Manche Vögel dieser Art stören andere kleine Mitbewohner beim Brutgeschäft, indem sie ihnen Nistmaterial von den Nestern abbauen. Auch ist gelegentlich das Auffressen von Eiern beobachtet worden.

Zucht: Gelingt leicht. Das Männchen balzt ähnlich wie der Haussperling. Die Eier werden nur vom Weibchen bebrütet. Nach 11 Tagen schlüpfen die Jungen, bei deren Fütterung das Männchen aber mithilft. Nach etwa 15 Tagen verlassen die Jungen das Nest. Sie können dann noch nicht gut fliegen, lernen das aber in wenigen Tagen. Sie werden noch gut 14 Tage von den Eltern gefüttert. Brut nach Brut wird aufgezogen, doch sollten den Vögeln nicht mehr als 2–3 erlaubt werden. Mehrere Paare dieser Sperlinge brüten sehr friedlich dicht nebeneinander in einer Voliere.

Ernährung: Hauptfutter ist ein Exotenfuttergemisch, das vor allem aus verschiedenen Hirsesorten besteht. Dieses Futter wird auch gekeimt gern genommen. Ferner sind Grünfutter wie Salat, Vogelmiere, Apfel- und Birnenstücke, Bananen, Apfelsinenhälften sehr begehrt. Für die Jungenaufzucht werden neben Mehlwürmern, Wachsmottenlarven, Getreideschimmelkäferlarven auch hartgekochtes Ei, ein gutes Weichfutter und Biskuit genommen.

Goldsperling *(Auripasser euchlorus)*

Kennzeichen: 13 cm, Männchen ein fast ganz goldgelber Vogel. Die Flügeldecken sind weiß, mit wenig Gelb vermischt. Die Schwung- und Schwanzfedern sind dunkelbraun und besitzen weißliche Säume. Der Schnabel ist zur Brutzeit schwarz, sonst hornfarben, die Augen sind dunkelbraun, die Füße hell fleischfarben. Weibchen und Jungvögel sind bräunlichgelb, mit weißlicher Bauchmitte. Die Stimmen gleichen denen der vorigen Art.

Herkunft und Lebensweise: Seine Heimat sind Südwest-Arabien und Nord-Somalia. Er brütet in verschiedener Höhe auf Bäumen und in Sträuchern, am liebsten in sumpfigem Gebiet, aber auch in Ortschaften und Gärten. Das Nest ist sehr groß und wird aus Zweigen und Gräsern errichtet. Es werden 3–4 Eier gelegt, die denen der vorigen Art gleichen. Ist ebenfalls gesellig und gebietsweise weit umherstreifend.

Haltung, Zucht und Ernährung: Wie beim Braunrücken-Goldsperling beschrieben.

Gattung Sperlinge *(Passer)* 13 Arten

Feldsperling *(Passer montanus)* 13 Rassen, Abb. 44 Seite 127

Kennzeichen: 14 cm, Männchen und Weibchen gleich gefärbt, Weibchen nur etwas matter. Wie Haussperling, doch Stirn und Oberkopf kastanienbraun, Kinn- und Kehlfleck kleiner, weißlicher Halsring und vor allem deutliche schwarze Ohrflecke. Schnabel zur Brutzeit schwarz, sonst dunkel hornbraun, Augen und Füße braun. Ruft schilpend wie Haussperling, doch härter und kürzer. Hat eine Menge verschiedener Laute, warnt „tät" und „terr".

Herkunft und Lebensweise: Kommt in ganz Europa und in Asien südwärts bis Nord-Indien, Indochina, Sumatra, Java, Bali, ostwärts bis Japan vor. Ist in Südost-Australien und an einigen Stellen der USA eingebürgert worden. Lebt auf Kulturland, und zwar an Feldrändern, Wegen, in Obstgärten, Parkanlagen, an den Rändern von Laubwäldern. Brütet in Baumhöhlen, im Unterbau von Reihernestern und Greifvogelhorsten, in Fels- und Mauerspalten, seltener an Gebäuden. Durchschnittlich werden 5 Eier gelegt, die weißlich sind und dunkle Flecke besitzen. Das Nest ist umfangreich aus Gräsern erbaut und mit Haaren und Federn gepolstert. Der Feldsperling brütet 12 Tage, die Jungen fliegen nach 16–17 Tagen aus.

Haltung: Leichter einzugewöhnen als Haussperling, sonst fast identisch in der Pflege. Braucht wie alle Sperlinge eine Schale mit dicker Sandschicht für gern genommene Sandbäder. Badet auch gern im Wasser.

Zucht: Ist nicht schwer, wenn eingewöhnte Vögel in einer großen Voliere gehalten werden.

Ernährung: Wie Haussperling.

Rötelsperling *(Passer rutilans)* 4 Rassen

Kennzeichen: 14 cm, Kopf, Nacken, Schultern und Bürzel rotbraun, Oberschwanzdecken braun. Rücken, Flügeldecken, Schwingen und Schwanz schwarzbraun mit rostgelblichen Spitzen bzw. Säumen. Schnabel, Zügel und Kehlmitte schwarz, unterseits hell graubraun, an den Flanken und Brustseiten mehr rotbraun, in der Bauchmitte weißlich. Augen braun, Füße bräunlich fleischfarben. Nach der Mauser im Spätsommer ist die Oberseite mehr graubraun, wird durch Abnutzen der Federkanten bis zum Frühjahr rotbraun. Weibchen und Jungvögel oberseits fast rotbraun. Schwarzbrauner Streif vom Auge zum Hinterhals, darüber ein breiterer rostgelblicher Streif. Unterseite hell rostbraun, Bauchmitte weißlicher. Schnabel und Füße hornbraun. Stimme schilpend, beim Abflug „psie pist pist".

Herkunft und Lebensweise: Ist von Ost-Afghanistan durch das Himalajagebiet und Süd-Tibet bis China, Taiwan, Korea und Japan verbreitet. Lebt an Waldrändern und kommt zur Nahrungssuche nach Sämerein, Grünem und Insekten in die Felder. Brütet in Baumhöhlen, vor allem von Mai bis Juli. Zeigt sich wenig lebhaft und lautfreudig.

Haltung: Soll wenige Male eingeführt worden sein, doch liegen keine Berichte über seine Pflege vor.

Saxaulsperling *(Passer ammodendri)* 5 Rassen

Kennzeichen: 15 cm, Stirn, Oberkopf, Nacken und Halsseiten schwarz, Rücken, Bürzel und Oberschwanzdecken graubraun, schwarz längsgestreift. Flügel und Schwanz schwarz mit beigen Säumen, Flügeldecken schwarz und graubraun mit zwei weißen Querbinden. Gesicht hellgrau, zur schwarzen Kehle hin weiß, Unterseite grauweiß, Bauchmitte weiß. Brustseiten, Flanken und Unterschwanzdecken bräunlich. Nach der Herbstmauser ist die schwarze Oberseite durch breite Federsäume beigebraun, was sich bis zum Frühjahr durch Abnutzung verliert. Schnabel zur Brutzeit schwarz, sonst grau, Augen braun, Füße graubraun. Weibchen ähnlich, doch mit bräunlichem Oberkopf, weniger deutlichen Streifen an den Kopfseiten und grauem Kehlfleck. Ist kleiner, Bei einigen Rassen rötlichbraun auf der Oberseite und ungeflecktes Bürzel- und Oberschwanzdecken-Gefieder. Stimme ähnlich der anderer Sperlinge.

Herkunft und Lebensweise: Bewohnt das Hochland von Transkaspien, Turkestan und bis zur Mongolei. Über die Lebensweise des Saxaulsperlings ist nichts bekannt.

Wüstensperling *(Passer simplex)* 3 Rassen

Kennzeichen: 14 cm, Männchen blaß silbergrau mit schwarzem Zügel, Kinn, Kehle und Schnabel (nur zur Brutzeit). Schwarz sind auch ein Fleck am vorderen Flügelrand und eine Flügelbinde. Unterseits weißlich bis sandgelb. Weibchen insgesamt isabellfarben, unterseits weißlicher. Ohne schwarze Zeichnungen. Nur Flügelränder und Enden der Schwungfedern sind dunkel. Schnabel hell hornfarben. Auge bei beiden Geschlechtern dunkelbraun, Füße hornbraun. Die Stimme ist der des Haussperlings sehr ähnlich.

Herkunft und Lebensweise: Lebt in den Wüsten Nordafrikas und Vorderasiens. Ist auf Sanddünen und an buschbestandenen Ufern der Wadis (ausgetrocknete Flüsse) zu finden, auch in Oasen. Ernährt sich von kleinen Samen, vor allem Grassamen, auch von Insekten, Spinnen und anderen Tieren. Baut sein Nest in Palmspitzen, in dichtes Dorngebüsch, in Mauerlöcher und in Steinhaufen, die vom Menschen zur Markierung der Wege durch die Wüste angelegt wurden. Das Nest ist oft sehr groß und wenig ordentlich aus trockenen Gräsern gebaut. Es hat einen Seiteneingang und wird mit Federn und weichen Fasern gepolstert. Die zumeist 3–5 Eier sind weißlich, cremefarben bis hellbraun und tragen hellbraune und dunkelbraune Punkte und Flecken.

Haussperling *(Passer domesticus)* 15 Rassen in 3 Rassengruppen
Abb. 43 Seite 127

Kennzeichen: 14 cm, Männchen der Rasse *P. d. domesticus* ist der allbekannte „Spatz", der sich von den Männchen anderer Sperlinge durch aschgraue Stirn und Oberkopf unterscheidet. Der ziemlich große schwarze Kehllatz ist im Winter teilweise verdeckt. 10 weitere Rassen sehen dieser recht ähnlich. Beim Weidensperling *(P. d. hispaniolensis)* und einer weiteren Rasse *(P. d. transcaspicus)* sind auch Stirn und Oberkopf kastanienbraun, der Kehlfleck ist bis auf die Brust ausgedehnt und verläuft schuppig an den Brust- und Bauchseiten. Ebenfalls schwarz mit beigen Säumen sind Rücken und Schultern. Mischformen zwischen den Rassen Haussperling und Weidensperling stellen die Rassen Italiensperling *(P. d. italiae)* und die Rasse *P. d. flueckigeri* dar, die das Schwarz bis zur Vorderbrust tragen, aber nicht an den Flanken und auf dem Rücken, die Stirn und Oberkopf braun wie der Weidensperling haben. Weibchen und Jungvögel sind graubraun, oberseits kräftig längsgestreift. Schnabel im Frühjahr und Sommer beim Männchen schwarz, sonst wie beim Weibchen hornbraun. Augen dunkelbraun, Füße braun. Stimme schilpend.

Herkunft und Lebensweise: Europa, Nord- und Nordostafrika, Asien bis Ceylon, Burma und zur Mandschurei, inzwischen fast auf der ganzen Erde eingebürgert. Der eigentliche Haussperling mit seinen Rassen und auch der Italiensperling sind fast nur in der Nähe menschlicher Ansiedlungen anzutreffen, sogar in Großstädten, wo sie an und in Gebäuden brüten. Der Weidensperling lebt dagegen in Gebüsch und lichtem Wald und brütet auf Bäumen, in verlassenen Nestern anderer Vögel und im Unterbau von Greifvogelhorsten, Storchennestern usw. Gesellig und in lockeren Kolonien brütend. Nest unordentlich und groß, aus Stroh, Gräsern und Fasern aller Art, ausgepolstert mit Federn. Die 3–6 Eier können bläulichweiß bis grünlich sein und besitzen dunkle Flecke. Weibchen brütet, Männchen löst es nur für kurze Perioden ab. Beide Eltern füttern.

Haltung: Als Altvögel gefangene Haussperlinge bleiben meistens sehr scheu. Jungvögel, die kurz vor oder nach dem Ausfliegen aufgepäppelt werden, zeigen sich dagegen sehr anhänglich und bereiten sehr viel Freude. Kann sehr gut als einzelner Stubenvogel gehalten werden, aber auch mit anderen Vögeln zusammen im großen Bauer und in der Voliere, auch ganzjährig in der Gartenvoliere mit Schutzhaus. Zur Brutzeit kann er sich streitsüchtig zeigen.

Zucht: Ist in der großen Voliere schon häufig gelungen. Zumeist werden Nistkästen bezogen, aber auch in dichtem Gebüsch gebaut. Der Haussperling brütet 14 Tage lang, die Jungen verlassen mit 17–18 Tagen das Nest. Mischlinge sind mit dem Feldsperling, dem Goldsperling und dem Braunrücken-Goldsperling erzielt worden.

Ernährung: Exotenmischfutter, Waldvogelmischfutter, Getreide, Unkrautsamen, Grassamen, in „Milch" stehender Hafer, viel Grünes, Apfelstücke und alles süße Obst anbieten. Zur Brutzeit im Frühjahr und Sommer auch Weich- und Eifutter, in Milch eingeweichtes, altbackenes Weißbrot, Mehlwürmer, Ameisenpuppen, Getreideschimmelkäferlarven und andere kleine Insekten.

Dschungelsperling *(Passer pyrrhonotus)*

Kennzeichen: 12 cm, sieht dem Haussperling zum Verwechseln ähnlich, ist aber auffallend kleiner. Der schwarze Kinnfleck ist kleiner, die Unterseite weißer. Stimme leiser und sanfter, aber der des Haussperlings ähnlich.

Herkunft und Lebensweise: Ist im Osten des Irans und in Pakistan zu Hause. Lebt in der Nähe von Gewässern im hohen Gras und im Dickicht der Tamarisken und Akazien. Brütet in dichtem Gebüsch und hoch auf Bäumen. Zeigt sich sehr scheu. Als geselliger Vogel ist er in Familienverbänden und in kleinen Schwärmen unterwegs. Auch während der Brutzeit bleiben die Vögel zusammen.

Gelbbauchsperling *(Passer flaveolus)*

Kennzeichen: 12 cm, Schnabel, Zügel, Kinn und Kehle bis zur Vorderbrust schwarz. Gesichtsseiten und die Unterseite gelb. Stirn bis Nacken, Bürzel und Flanken graugrün, Oberschwanzdecken grünlichbraun. Vom Nacken bis zu den Schultern und auf dem Rücken zimtbraun. Flügel und Schwanz dunkelbraun mit grauen Säumen, Flügeldecken mit gelben und weißlichen Binden. Augen braun mit gelben Lidringen, Füße fleischfarben. Weibchen oberseits gelblichgrüner, unterseits matter gelb. Der Kehlfleck ist kleiner und nicht so rein schwarz. Stimme knarrendes Warnen und Schilpen.
Herkunft und Lebensweise: Ist von Burma bis Indochina verbreitet. Lebt in Ortschaften, Gärten, Feldern, an Waldrändern. Brütet sowohl unter Dächern wie in Gebüsch und in Baumhöhlen. Ist gesellig und häufig. Ernährt sich vor allem von Sämereien und fällt zur Reifezeit in Getreide- und Reisfelder ein. Nimmt auch gern Grünzeug und Beeren sowie süße Früchte.
Haltung: Wird nur selten eingeführt. Ist ein friedlicher Pflegling für ein großes Bauer und die Voliere und kann, außer im Winter, auch in der Gartenvoliere untergebracht werden.

Moabsperling *(Passer moabiticus)* 2 Rassen

Kennzeichen: 12 cm, ähnelt unserem Haussperling. Beim Männchen nicht nur Stirn und Oberkopf grau, sondern auch Nacken und Wangen. Auffälliger weißer Überaugstreif in beiden Geschlechtern, ebenso ein gelber Fleck an jeder Halsseite. Das Weibchen ist sandfarbener als das des Haussperlings. Sein Ruf ist „tietie".
Herkunft und Lebensweise: Kommt in den Gebieten am Toten Meer, im Irak und in Teilen des Irans und Afghanistans vor. Ist in Ortschaften und an Wasserstellen anzutreffen. Lebt und brütet in dichtem Gebüsch, in Bäumen und Gemäuer.

Somalisperling *(Passer castanopterus)* 2 Rassen

Kennzeichen: 14 cm, das Männchen hat von der Stirn und dem Oberkopf bis Rücken und Flügeldecken kastanienbraun, die Kopf- und Halsseiten sandfarben. Schnabel, Zügel, Augenstreif, Kinn und Kehle sind schwarz. Die Vorderbrust ist braungrau, der Rest der Unterseite bräunlichweiß. Der Bürzel und die Oberschwanzdecken sind sandfarben und schwarz gefleckt, die schwärzlichen Schwingen und Schwanzfedern haben weißlichgelbe Säume. Das Weibchen ist dem des

Haussperlings sehr ähnlich. Schnabel hornfarben, auch beim Männchen außerhalb der Brutzeit.

Herkunft und Lebensweise: Der Somalisperling ist von Äthiopien und Somalia bis zum Norden Kenias verbreitet. Bewohnt felsige und sandige Gebiete mit Buschwerk. Auch in der Nähe von Dörfern. Baut das recht unordentliche Nest in dichtes Gebüsch.

Sokotrasperling *(Passer insularis)* 2 Rassen

Kennzeichen: 14 cm, ähnlich dem Rostsperling, doch Bürzel und Oberschwanzdecken grau. Schilpt ähnlich wie Haussperling.

Herkunft und Lebensweise: Bewohnt die östlich vor Somalia gelegenen Inseln Sokotra und Abd el-Kuri. Lebt nach Haussperlingsart in der Nähe von menschlichen Ansiedlungen, brütet aber vor allem im Gebüsch.

Rostsperling *(Passer motitensis),* auch Riesensperling oder Rotbrauner Sperling genannt, 7 Rassen

Kennzeichen: 15 cm, Schnabel, Zügel, Augstreif, Kinn und Kehlmitte schwarz. Stirn, Oberkopf und Nacken grau, Gesichtsseiten weißlich. Rötlichbraun sind ein Überaugstreif, der bis zu den Nackenseiten reicht, Schultern, Rücken und Bürzel. Der Rücken ist schwarz gestreift. Flügeldecken, Schwingen und Schwanz schwärzlichbraun mit beigen Säumen. Unterseite weißlich. Augen und Füße braun. Das Weibchen hat einen grauen Kehlfleck, beige Überaugstreifen und ist insgesamt etwas matter gefärbt. Stimme ähnlich der des Haussperlings.

Herkunft und Lebensweise: Ist mit der Rasse *P. m. iagoensis* auf den Kapverdischen Inseln vertreten, sonst vom Sudan durch Ost- und Südafrika bis zum Oranje. Bewohnt Savannengebiete im Hochland, brütet in Akazienbüschen, anderem Gebüsch und Bäumen. Das Nest ist recht umfangreich. Die zumeist 3–6 weißlichen Eier haben dunkelgraue Flecke. Ist auch in Dörfern und Städten anzutreffen, zumeist in kleinen Schwärmen. Lebt wie der Haussperling, doch brütet kaum an Gebäuden. Ernährt sich von Sämereien, Grünem und Insekten.

Haltung: Wird nur selten eingeführt. Ist anfangs sehr scheu. Da friedlich, kann er mit anderen kleinen Vögeln zusammen gepflegt werden, am besten in einer größeren Voliere mit Ausflug in die Gartenvoliere.

Zucht: Gelang lt. Statistik der AZ 1988, ferner O. Grubbe (Gef. Welt, Heft 7/1990).

Ernährung: Wie Haussperling.

Kapsperling *(Passer melanurus),* auch Mossie genannt, 3 Rassen

Kennzeichen: 15 cm, ähnelt dem Haussperling, hat aber den ganzen Kopf schwarz. Nur ein weißer Streif führt vom Auge zur Nackenseite, und von dort bis zur Kehlseite. Schultern rötlichbrauner als beim Haussperling. Bürzel und Oberschwanzdecken nicht grau, sondern rotbraun. Weibchen matter gefärbt, mit graubraunem Kopf- und Kehlgefieder. Stimme sehr ähnlich der des Haussperlings.

Herkunft und Lebensweise: Südafrika, vom Kap bis Südwest-Angola, Botswana und Süd-Transvaal. Kommt in Steppen und Savannen vor, doch zunehmend auch in Dörfern und Städten. Ist gesellig und in kleineren bis großen Schwärmen auf Feldern anzutreffen, besonders zur Reife des Getreides. Nimmt neben Sämereien auch Grünes, Beeren, Früchte und Insekten zu sich. Das große Nest wird aus Gräsern und Blättern gebaut, mit Fasern und Federn ausgepolstert. Es wird zumeist in dichtes Gebüsch gebaut, auch in Mauerlöcher und an Gebäude. Alte Webernester werden manchmal ebenfalls benutzt. Die 3–6 weißlichen Eier tragen dunkelgraue und braune Flecke.

Haltung: Zeitweise wird dieser Sperling in kleinerer Zahl angeboten. Er ist leicht einzugewöhnen, sehr friedlich und bald zutraulich. Eignet sich für ein sehr großes Bauer, besser aber für eine Voliere mit Gartenteil.

Zucht: Ist schon mehrmals gelungen. Am liebsten werden halboffene Nistkästen angenommen oder freistehende Nester in dichtes Gestrüpp gebaut. Die Brutzeit beträgt 13 Tage, die Jungen fliegen nach 22–24 Tagen aus.

Ernährung: Wie Haussperling.

Graukopfsperling *(Pyrgitopsis grisea),* 10 Rassen in 5 Rassengruppen, Abb. 51 Seite 146

Kennzeichen: 15 cm, Kopf grau, auf dem Rücken bräunlicher, Schultern und Bürzel rotbraun, Flügeldecken und Flügel braun, Schwanz schwarzbraun. Unterseits hellgrau, zum Bauch hin cremeweiß bis weiß. Während der Brutzeit Schnabel schwarz, sonst graubraun mit etwas Gelb an der Basis des Unterschnabels, Füße graubraun. Männchen und Weibchen sind gleich gefärbt, Jungvögel matter, mit dunkler Längsstreifung auf Rücken und Flügeldecken. Die Stimme ähnelt der des Haussperlings.

Herkunft und Lebensweise: Kommt von Senegal, dem Südrande der Sahara und Äthiopien bis zum nördlichen Südwestafrika und Natal vor. Bewohnt vor allem menschliche Ansiedlungen, aber auch Gärten, Plantagen, Buschland, Lichtungen, Ufer. Sämereien, Getreide, Insekten bilden die Nahrung, die vor allem von den Straßen gesammelt wird. Brütet in Baumhöhlen, unter Dächern und an anderen geeigneten Plätzen. Das Nest ist sehr unordentlich und besteht vor allem aus Gräsern und Papierschnitzeln. Die Eier sind auf grauweißem Untergrund grau bis graubraun gestrichelt, oft so dicht, daß kaum noch etwas von der Untergrundfarbe zu sehen ist.

Haltung: Ist früher häufiger gehalten worden als heute. Die Eingewöhnung macht keine Schwierigkeiten. Ist kleineren Vögeln gegenüber oft unverträglich, besonders wenn in Brutstimmung.

Zucht: Nicht schwierig. Sollte dann paarweise in einem großen Bauer oder einer kleinen Voliere gehalten werden. Baut seltener ein Nest in Gestrüpp, sondern bezieht lieber Nistkästen. Die Daten der Aufzucht stimmen mit denen des Haussperlings überein.

Ernährung: Wie beim Haussperling beschrieben.

Seite 145

Abb. 48. Kuckucksweber (s. Seite 133)
Abb. 49. Cassinweber, unausgefärbtes Männchen (s. Seite 61)
Abb. 50. Kurzflügelweber, Männchen (s. Seite 86)

Seite 146

Abb. 51. Graukopfsperlinge (s. Seite 143)
Abb. 52. Rotkehl-Prachtweber (s. Seite 62)

Seite 147

Abb. 53. Bojerweber, Männchen beim Nestbau (s. Seite 82)
Abb. 54. Scharlachweber (s. Seite 63)
Abb. 55. Mahaliweber beim Nestbau (s. Seite 45)

Seite 148

Abb. 56. Glanzwitwe (s. Seite 121)
Abb. 57. Mohrenweber (s. Seite 66)
Abb. 58. Hahnschweifwida, Männchen (s. Seite 118)

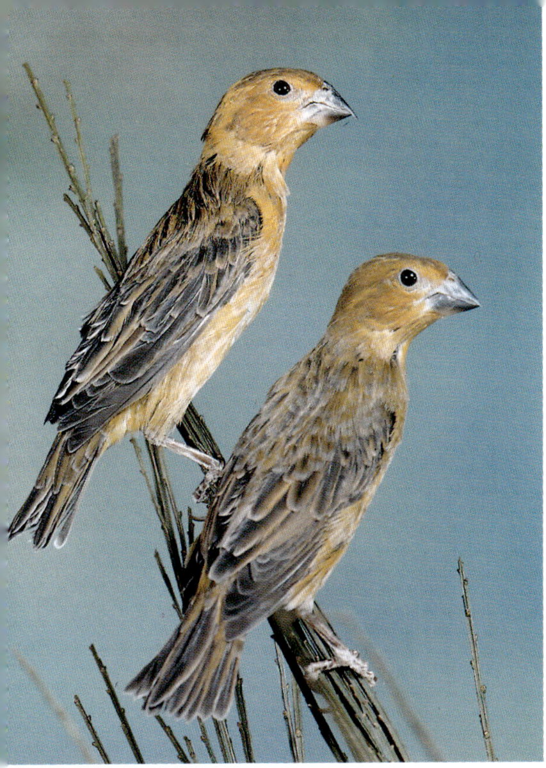
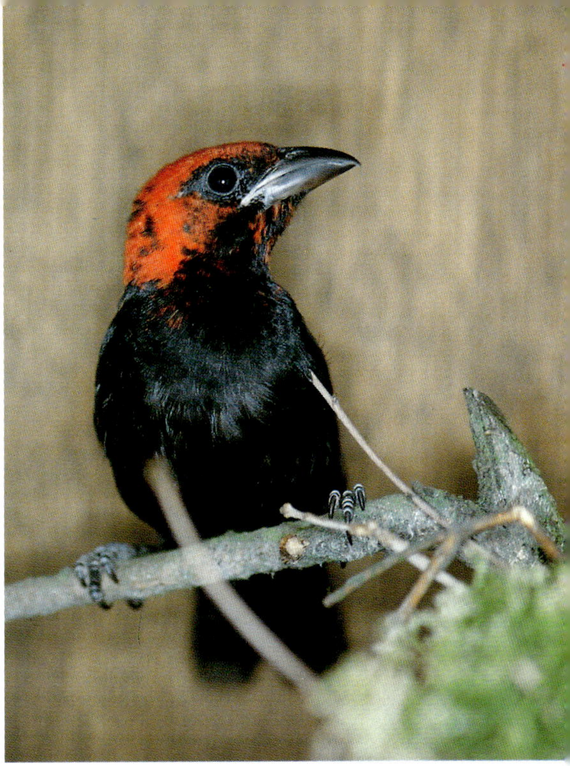
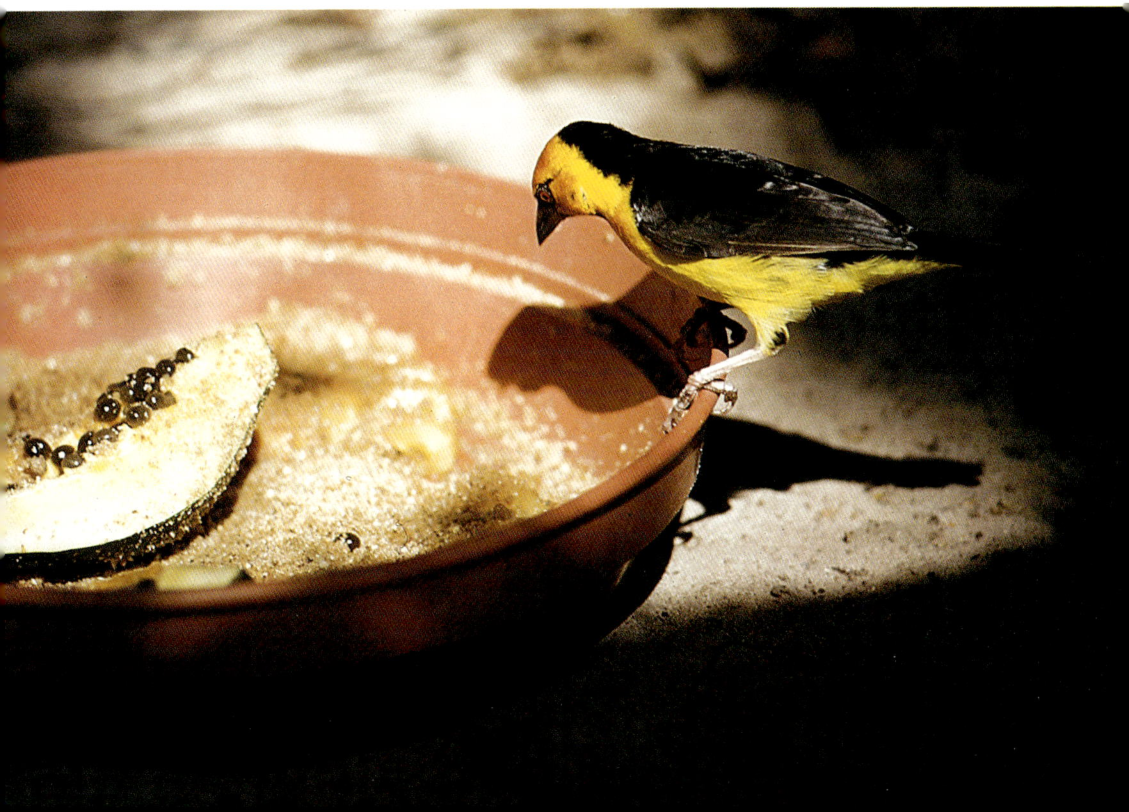

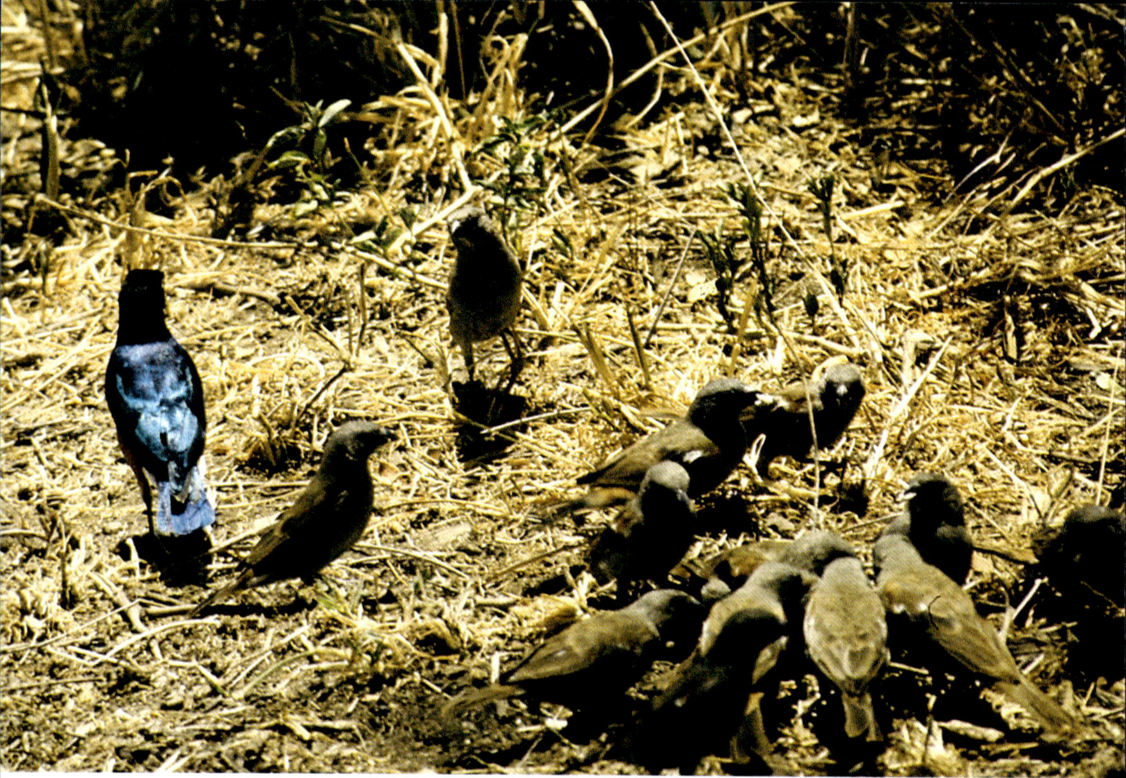

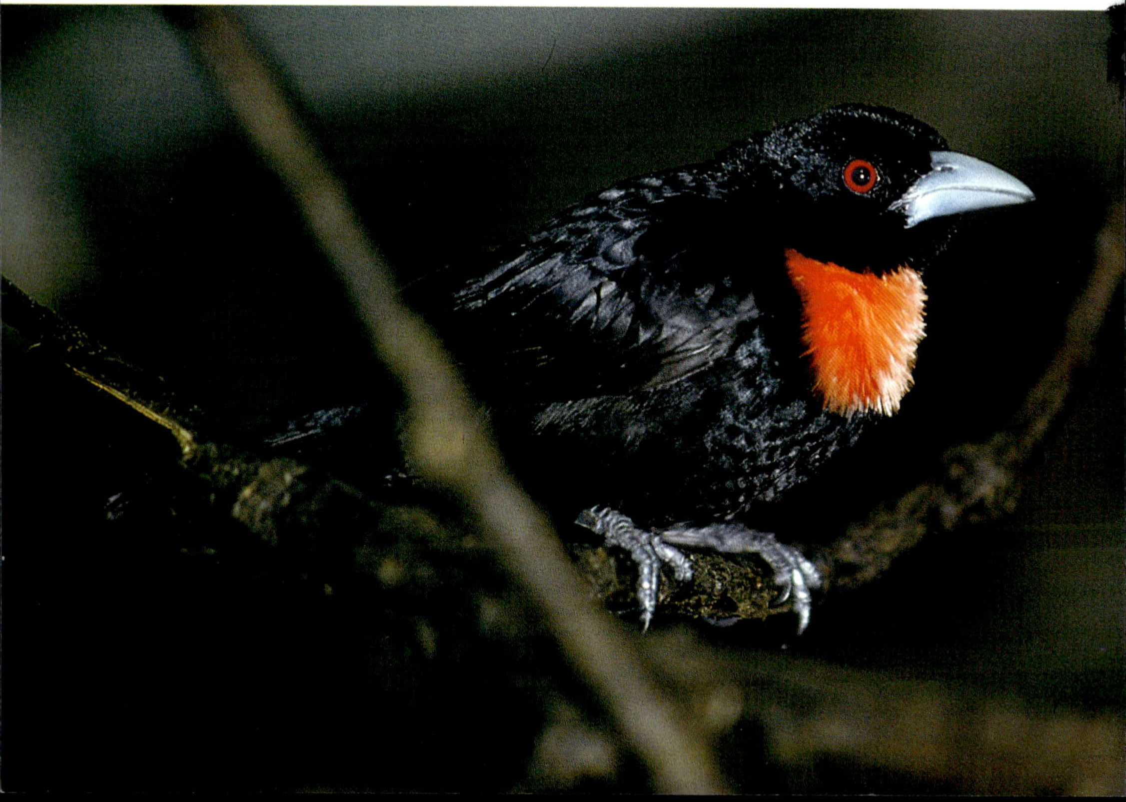

Gattung Fahlsperlinge *(Carpospiza)* 1 Art

Fahlsperling *(Carpospiza brachydactyla)*

Kennzeichen: 14 cm, insgesamt fahlbraun, Flügel und Schwanz dunkler mit hellen Säumen. Kehle weißlich, ebenso die Bauchmitte und die Unterschwanzdecken. Schwanzfedern mit weißen Spitzen, ähnlich denen des Steinsperlings, doch keine Streifenzeichnung auf dem Kopf, auch kein gelber Kehlfleck. Schnabel und Füße graubraun, Augen braun. Beide Geschlechter gleich gefärbt. Gesang flötend, trillernd und schwirrend endend.
Herkunft und Lebensweise: Kommt von Armenien und Syrien bis zum Osten des Irans vor. Bewohnt sandiges und felsiges Gebiet mit vereinzeltem Gebüsch, in dem er sein Nest anlegt. Ist gesellig, unternimmt außerhalb der Brutzeit Wanderungen und kommt dann bis zum Norden des Sudans und Äthiopiens.

Gattung Steinsperlinge *(Petronia)* 1 Art

Steinsperling *(Petronia petronia)* 7 Rassen, Abb. 47 Seite 128

Kennzeichen: 15 cm, unterseits grau, durch dunklere Federspitzen etwas geschuppt wirkend. Auf der Kehle ein gelber Fleck, der beim Männchen leuchtender und weiter ausgedehnt ist. Auch der recht starke Schnabel ist gelblich. Der Kopf ist deutlich längsgestreift. Die dunkelbraunen Wangen und Ohrdecken werden von einem beigefarbenen Augenstreif scharf begrenzt. Stirn und Oberkopfseiten sind wiederum dunkelbraun, während der Scheitel beigegrau aussieht. Die gesamte Oberseite ist dunkel graubraun, wobei die Federn des Rückens und der Flügeldecken beige Spitzen besitzen. Die recht langen graubraunen Schwanzfedern haben weißliche Spitzen, ebenso die bräunlichen Unterschwanzdecken. Die Augen sind braun, die Füße gelblichbraun. Hat einen haussperlingsartigen Ruf, der rauher ist, ferner einen quäkenden, der sich wie „bä-i" anhört. Singt in Variationen dieses Rufs, warnt schnarrend.
Herkunft und Lebensweise: Ist von den Kanarischen Inseln und Madeira über Nordafrika, Südeuropa und Vorderasien bis zur Mongolei beheimatet. Sein Lebensraum sind felsige Hänge, Gebirge, Ruinen, seltener Kulturland und Ortschaften. Ist sehr lebhaft und vorsichtig. Hüpft nicht, sondern trippelt. Brütet in Felsspalten und Mauerlöchern. Baut ein recht unordentliches großes Nest aus allerlei Gräsern.

Haltung: Wurde nie häufig angeboten. Ist nicht schwer einzugewöhnen, wird bald sehr vertraut. Sollte in sehr großen Bauern oder in Volieren gehalten werden. Wenn möglich, sind einige Felsbrocken auf dem Boden und an den Wänden anzubringen, auf denen der Steinsperling gerne sitzt. Sonst sind Nistkästen mit borkiger Oberseite oder entsprechende Brettchen anzubringen. Geht auch auf Äste, fühlt sich auf dünnen Zweigen aber unsicher.
Zucht: Ist anscheinend noch nicht gelungen.
Ernährung: Wie beim Haussperling angegeben.

Gattung Schlankschnabelsperlinge *(Gymnoris)* 4 Arten

Augenbrauensperling *(Gymnoris superciliaris)* 4 Rassen, Abb. 45 Seite 128

Kennzeichen: 15 cm, Kopf und Oberseite gelblichbraun. Ziemlich einfarbig. Nur ein weißlichgelber Überaugstreif und schwarze Schaftstriche des Rückengefieders treten in Erscheinung. Die Unterseite ist bräunlichweiß. Ein kleiner Kehlfleck von gelber Farbe ist bei Männchen und Weibchen vorhanden, die auch sonst gleich gefärbt sind.
Herkunft und Lebensweise: Kommt von Südafrika bis Angola und Ostafrika in zumeist felsigem Gelände vor, aber auch in Ortschaften. Ist fast immer paarweise oder in kleinen Trupps anzutreffen. Lebt von Sämereien, vielen Insekten und von Knospen und anderem Grün. Nester werden in Baumhöhlen und Felslöchern gebaut. Die 3–4 bläulichweißen Eier besitzen graubraune Flecke.
Haltung: Nur selten eingeführt. Friedlich unter gleichgroßen Vögeln.
Zucht: Wurde 1987 gezüchtet (Statistik der AZ).

Kehlflecksperling *(Gymnoris pyrgita),* auch Großer Kehlsperling genannt, 2 Rassen

Kennzeichen: 15 cm, ähnelt dem kleineren Gelbkehlsperling *(Gymnoris xanthocollis),* hat aber einen Überaugstreif und einen viel kleineren gelben Kehlfleck. Stimme ähnlich der des Gelbkehlsperlings.
Herkunft und Lebensweise: Ist im Nordosten Afrikas zu Hause und kommt westwärts bis Senegal, südwärts bis zum Nordosten Tansanias vor. Bewohnt Savannengebiete und brütet in Dorngebüsch, aber auch unter Dächern.
Haltung: Sehr selten im Handel zu finden. Braucht die gleichen Pflegebedingungen wie der Gelbkehlsperling. Seine Zucht scheint noch nicht gelungen zu sein.

Buschsperling *(Gymnoris dentata),* Abb. 46 Seite 128

Kennzeichen: 12 cm, Kopf fahlbraun mit rostfarbigem Überaugstreif. Oberseits braun mit rostfarbigem Anflug auf dem Rücken. Unterseits beige mit kleinem, hellgelbem Kehlfleck. Schnabel zur Brutzeit schwarz, sonst hornfarben. Beim Weibchen ist der Rücken etwas gestreift, der Überaugstreif beige.
Herkunft und Lebensweise: Ist von Senegal bis zum Südwesten Arabiens verbreitet. Kommt zumeist paarweise im Flachland in der Nähe von Gewässern vor, aber auch an Waldrändern und an Hängen von Gebirgen. Hält sich vor allem auf Bäumen auf und brütet auch in Baumhöhlen und Spechtröhren. Seine Hauptnahrung sind Insekten, außerdem Grünes und Sämereien.
Haltung: Nur selten eingeführt. Friedlich, unempfindlich, interessant.
Zucht: Lt. Nachzuchtstatistik der AZ 1987–1989 regelmäßig gezüchtet.

Gelbkehlsperling *(Gymnoris xanthocollis)* 2 Rassen

Kennzeichen: 13 cm, die gesamte Oberseite ist hell graubraun, Zügel, Wangen, Schwingen und Schwanz dunkler. Ein heller Augenstreif ist angedeutet. Die Schwingen und die großen Flügeldecken haben helle Säume, während die kleinen Flügeldecken rostrot sind und weiße Enden tragen. Es ergeben sich dadurch eine weiße und eine beige Flügelbinde. Das Kinn ist weiß, die Kehle leuchtend zitronengelb. Brust und Flanken sind beige, Bauch und Unterschwanzdecken weißlich. Der Schnabel ist beim Männchen zur Brutzeit schwarz, sonst braungrau, wie bei Weibchen und Jungvögeln. Beide tragen ein etwas matteres Federkleid als das Männchen. Die Augen sind braun, die Füße hell graubraun. Seine Stimme ist sperlingstypisches Schilpen, der „Gesang" kurzes, viersilbiges „tschik-tschik-schock-schock".
Herkunft und Lebensweise: Bewohnt den Süd-Irak, Afghanistan und kommt ostwärts bis Süd-Indien und Bengalen vor. Hält sich in freiem Gelände mit Baumgruppen, in lichtem Wald, auf Feldern, in Gärten und Dörfern auf. Baut sein Nest in Baumhöhlen, in Mauerlöchern unter Dächern. Die 3–4 graugrünlichen Eier tragen viele dunkelbraune bis schwarze Punkte und Flecke.
Haltung: Wird seines unscheinbaren Äußeren wegen nur sehr selten eingeführt. Ist stürmisch, wird schwer zahm und ist sehr streitlustig. Nur in einer riesigen Voliere scheint er sich friedlich zu geben. Sonst problemlos in der Pflege, sehr „spatzenhaft".
Zucht: Ist schon gelungen (siehe Gefiederte Welt 7/71). Die Vögel bezogen einen Nistkasten von Wellensittichformat mit einem Einschlupf von 5 cm Durchmesser. Das darin gebaute Nest bestand aus Kokosfasern, Gräsern und Federn

und war nicht kugel- sondern napfförmig. Die Jungen schlüpften nach 14tägiger Brutzeit, die Jungen verließen zwischen 16 und 20 Tagen das Nest. Die Nestlinge zeigen starke gelbe Schnabelrandwülste.

Ernährung: Alle Sorten Hirse, Glanz, geschälter Hafer, Weizen, Waldvogelfuttergemisch, alles auch gequellt bzw. gekeimt. Viel Grünes wie Vogelmiere, Salat, Apfel wird gern genommen. Lebendfutter wie Mehlkäferlarven wurde begierig aufgenommen, aber auch Weich- und Eifutter.

Gattung Schneesperlinge *(Montifringilla)* 7 Arten

Rothalsschneefink *(Montifringilla ruficollis),* auch Rothalsschneesperling genannt, 2 Rassen

Kennzeichen: 16 cm, beide Geschlechter gleich gefärbt, Weibchen etwas matter. Stirn weißlich, die übrige Oberseite hell sandbraun, auf dem Rücken dunkel gestreift. Kleine Flügeldecken aschgrau, mittlere und größere schwarz bzw. dunkelbraun mit weißen bzw. hellbraunen bis grauen Säumen. Handschwingen und mittlere Schwanzfedern ebenfalls dunkelbraun mit hellbraunen Säumen, die übrigen Schwanzfedern hellgrau mit schwarzen Enden. Unterseite weiß. Flanken und undeutliches Brustband rostrot. Schmaler schwarzer Bartstreif entlang den Kehlseiten. Schnabel dunkel hornbraun, Füße schwärzlich. Nach der Mauser im Spätsommer ist die Streifung der Oberseite weniger deutlich, da die hellen Säume die dunkleren Federmitten noch gut überdecken und sich erst mit der Zeit abnutzen. Jungvögel matter, einförmig brauner, unterseits rostbraun verwaschen. Rufe und Gesang ähneln denen des Schneefinks.

Herkunft und Lebensweise: Tibet bis Nordwest-China, lebt dort in den Hochsteppen zwischen 3800 und 4700 m. Brütet vor allem in den Bauen der Maushasen, aber auch in Felsspalten. Baut ein unordentliches, aber festes Nest aus Wurzelfasern, Gräsern und Moosen, polstert es mit Haaren, vor allem mit denen des Yaks. Die zumeist 4 Eier sind reinweiß. Außerhalb der Brutzeit in kleinen Trupps unterwegs. Ernährt sich von Sämereien und Insekten.

Blanfordschneefink *(Montifringilla blanfordi),* auch Blanfordschneesperling genannt, 3 Rassen

Kennzeichen: 16 cm, ähnelt dem Rothalsschneefink, besitzt jedoch keine rostroten, sondern weiße Halsseiten und Wangen. Auch sind Rücken und Flügeldecken ungestreift. Zügel, schmale Bartstriche und Kehlmitte schwarz. Beim Weibchen Kehlmitte vielleicht weiß. Jungvögel sind matter, insgesamt brauner gefärbt, Kehlfleck, Zügel und Schwanzenden noch grau. Lautäußerungen ähneln denen des Schneefinks.

Herkunft und Lebensweise: Hochsteppen um 4500 m vom Himalaja, dem Hochland von Tibet bis Nordwest-China. Bevorzugt flache, sandige Gebiete. Baut das Nest wahrscheinlich auch in Nagerhöhlen, wie dies bei der vorigen Art der Fall ist. Schwirrend steigt das Männchen zu Balzflügen auf, singt in der Luft stehend, und gleitet mit gespreizten Flügeln wieder zum Boden herab. Diese Flugbalz ist bei der vorigen Art, überhaupt bei allen Schneefinken zu beobachten. Nach der Brutzeit sieht man ihn in größeren Flügen. Bleibt stets im Heimatbereich.

Afghanenschneefink *(Montifringilla theresae),* auch Afghanenschneesperling genannt

Kennzeichen: 15 cm, Schnabel, Zügel, Streifen durchs Auge, Kinn, Kehle und Füße schwarz. Oberseits von blassem Braun, etwas gefleckt wirkend. Schwingen und Flügeldecken dunkler braun, letztere mit gelbbraunen Säumen. Wangen, Halsseiten und Brust hellgrau, die restliche Unterseite bräunlichweiß, ebenso die Enden der Schwanzfedern. Dem Weibchen fehlt das Schwarz der Zügel und um die Augen, der Kehlfleck zeigt mehr Dunkelgrau als Schwarz.
Herkunft und Lebensweise: Bewohnt das Hochgebirge im Norden Afghanistans. Wurde dort in Höhen um 3000 m brütend angetroffen.

David-Schneefink *Montifringilla davidiana),* auch Erdsperling genannt, 2 Rassen

Kennzeichen: 13 cm, Stirn, Zügel, Kinn und Kehlmitte schwarz, Gesichtsseiten hell bräunlichgrau. Oberkopf, Nacken und Rücken gelblichbraun, auf dem Kopf etwas ins Grau übergehend, auf dem Rücken leicht dunkelbraun längsgestreift. Schwingen und mittelste Schwanzfeder dunkelbraun mit gelbbraunen Säumen. Die übrigen Schwanzfedern sind schwarz mit weißer Zeichnung an den Innenfahnen. Die weißen Halsseiten, Brust und Bauch sind rötlichbraun überhaucht, am stärksten an den Flanken. Männchen und Weibchen sind gleich gefärbt. Das Weibchen ist nur etwas matter und körperlich kleiner.
Herkunft und Lebensweise: Vom Altai und der Mongolei bis nach West-China ist dieser Schneefink beheimatet. Sein Lebensraum sind die dortigen Hochsteppen, wo er in Nagerhöhlen wie in Felsspalten brütet.

Taczanowski-Schneefink *(Montifringilla taczanowskii)*, auch Taczanowski-Schneesperling genannt

Kennzeichen: 17 cm, ähnelt dem Rothalsschneefink, besitzt aber keinerlei Rotbraun im Gefieder. Stirn, Überaugstreif, Bürzel und die Unterseite sind weiß, letztere leicht grau überflogen, an den Flanken kräftiger grau in verwaschener Streifung. Auch die Kopfseiten sind bis auf die schwarzen Zügel hellgrau, ebenso die Halsseiten. Erdbraun sind Kopf, Nacken und Rücken. Sie zeigen eine leichte Streifung, ebenso die dunkelbraunen Flügeldecken und Schwingen mit ihren weißen Säumen. Während die mittleren Schwanzfedern ebenfalls von dunklem Braun sind, haben die Oberschwanzdecken eine hellbraune Farbe. Das Weibchen ist gleich, nur etwas matter gefärbt.

Herkunft und Lebensweise: Bewohnt die Hochsteppen von Tibet bis West-China. Ist dort von allen Schneefinken am meisten auf das Zusammenleben mit Maushasen angewiesen. Brütet in deren Erdhöhlen, oft am Ende eines 3 m langen und $^1/_2$ m tiefen Tunnels. Dieser Schneefink ist sehr viel auf dem Boden anzutreffen, jedoch auch ein Flugkünstler. Er lebt nicht kolonieweise, sondern jedes Paar bewohnt ein eigenes, wenn auch kleines Revier. Die Balz ist zuerst ein Umtrippeln des Weibchens, wobei der Kopf weit vorgestreckt und die Federn des Halses gesträubt werden. Auch die Schwanzfedern werden während dieser Balz weit gefächert getragen. Der Bodenbalz schließt sich eine Flugbalz an. Manchmal jagt das Männchen das Weibchen singend, oft steigt es aber auch alleine rund ein Dutzend Meter hoch in die Luft, singt und läßt sich mit gespreizten Flügeln zur Erde fallen, wo es das Weibchen erneut balzend umkreist. Der Unterbau des Nestes wird aus Wurzelfasern hergestellt, der recht weite Napf aus langen, trockenen Gräsern geformt und mit Haaren des Yaks, von Schafen und Gazellen ausgekleidet. Die zumeist 4 weißen Eier werden rund 14 Tage lang bebrütet; die Jungen verlassen mit ca. 16 Tagen das Nest. Wegen der hohen Lage von rund 4500 m fällt die Brutzeit erst in die Monate Juli und August.

Adamsschneefink *(Montifringilla adamsi)*, auch Adamsschneesperling, 2 Rassen

Kennzeichen: 17 cm, sieht dem Schneefink *(M. nivalis)* sehr ähnlich. Hat weniger große weiße Flügelflecke, was nicht nur im Fluge, sondern auch bei geschlossenen Flügeln bemerkbar ist.

Herkunft und Lebensweise: Kommt vom Himalaja und Tibet bis Nordwest-China vor. Bewohnt die gleichen Hochlandsteppen wie der Taczanowski-, der Rothals- und der Blanfordschneefink.

Schneefink *(Montifringilla nivalis),* auch Schneesperling und Alpenfink genannt, 5 Rassen

Kennzeichen: 18 cm, Geschlechter fast gleich gefärbt. Kopf und Nacken grau, Kehlfleck, Handschwingen, mittlere Schwanzfedern und Enden der Schwanzfedern schwarz. Rücken, Schultern und Bürzel braun. Armschwingen, äußere Schwanzfedern und die Unterseite weiß bis cremeweiß. Augen dunkelbraun, Schnabel gelb mit schwarzer Spitze, beim Männchen zur Brutzeit total schwarz. Im Winterkleid ist der schwarze Kehlfleck teilweise durch helle Federsäume verdeckt, die sich zum Frühjahr hin abnutzen. Weibchen sind etwas kleiner und matter gefärbt. Jungvögeln fehlt der Kehlfleck, die Füße sind gelbbraun. Ruft rauh „zjuip", weicher „pit", singt zart zwitschernd von erhöhter Warte aus oder im Balzflug.

Herkunft und Lebensweise: Bewohnt die Hochgebirge von den Pyrenäen, Alpen und dem Balkan bis nach Innerasien. Lebt oberhalb der Baumgrenze bis zur Schneegrenze an Felsen und Geröllhalden, auch in Schluchten, kommt aber nur im Winter in tiefere Lagen. Bei der Balz umfliegt das Männchen das Weibchen im Gleitflug. Den Bau des Nestes besorgt nur das Weibchen. Es verarbeitet Gräser, Flechten, Moose recht fest miteinander. Zur Polsterung nimmt es Haare, Federn und Fasern. Das Nest wird in Felsspalten, unter Dächern, in Mauerlücken oder auch in Nistkästen angelegt. Nur das Weibchen bebrütet die zumeist 4–5 Eier, die reinweiß sind, matt glänzen und eine körnige Oberfläche besitzen. Nach 14 Bruttagen schlüpfen die Jungen, die lange weiße Daunen tragen und leuchtendgelbe Schnabelrandwülste besitzen. Mit 15 Tagen verlassen die Jungen das Nest. Außerhalb der Brutzeit gesellig. Besonders die Jungen werden mit Insekten gefüttert, sonst werden auch Sämereien aufgenommen, vor allem Distelsamen. An Grünem werden Knospen bevorzugt.

Haltung: Im Herbst und Winter am leichtesten einzugewöhnen. Wenn anfangs auch stürmisch, wird er doch bald sehr zutraulich. Kann gut mit anderen Vögeln in einem Gemeinschaftsbauer und in der Voliere gehalten werden, auch mit kleineren Arten. Darf im Winter in der Gartenvoliere bleiben, wenn ein ungeheizter Schutzraum vorhanden ist. Wichtig ist, in Bauer und Voliere einige Steine einzubringen, auf denen er gern sitzt.

Zucht: Ist gelungen, und zwar in einer großen Gartenvoliere, die auf einer Seite von einer nischenreichen Mauer begrenzt war. Darin haben die Vögel gebrütet.

Ernährung: Neben Exotenmischfutter aus verschiedenen Hirsesorten und Glanz sollte auch ein Waldvogelmischfutter gereicht werden, ferner geschälter Hafer, Weich- und Eifutter sowie einige Mehlwürmer.

Vereine und Zeitschriften

Wer mit der Vogelliebhaberei beginnt, sucht oft vergebens nach Gleichgesinnten in seiner Umgebung, mit denen er über das gemeinsame Hobby sprechen sowie Rat und Erfahrungen austauschen kann. Darum werden hier die Anschriften von Vereinen und Zeitschriften mitgeteilt, die zu diesen Kontakten verhelfen können.

Vereinigung für Artenschutz, Vogelhaltung und Vogelzucht (AZ) e. V., Geschäftsstelle: Helmut Uebele, Postfach 1168, 7150 Backnang. Die AZ hat ca. 30000 Mitglieder und in vielen Städten Ortsgruppen.

AZ-Nachrichten (AZN) ist das monatlich erscheinende Organ der Vereinigung für Artenschutz, Vogelhaltung und Vogelzucht (AZ) e. V. und wird kostenlos allen AZ-Mitgliedern zugeleitet. Neben Vereinsmitteilungen sind in jedem Heft interessante Fachbeiträge und Fotos enthalten, ferner Kauf- und Tauschlisten von Vögeln.

Die *Estrilda* (gegründet 1967) ist eine Interessengemeinschaft für die Haltung und Zucht exotischer Kleinvögel. Vorsitzender: Dr. Karl Kaiser, Ostmarkstr. 19, 4400 Münster. Zweimal im Jahr finden Estrilda-Treffen statt, auf denen Diskussionen und Erfahrungsaustausch stattfinden und Vorträge gehalten werden.

Die Gefiederte Welt, Herausgeber Dr. Joachim Steinbacher, erscheint monatlich im Verlag Eugen Ulmer GmbH & Co., Postfach 700561, 7000 Stuttgart 70. Diese Fachzeitschrift mit über 100jähriger Tradition ist ein Begriff für jeden Vogelliebhaber und Vogelzüchter. Interessante Beiträge und Fotos aus allen Bereichen der Ornithologie, Mitteilungen, Schriftenschau und An- und Verkaufsanzeigen sind in jedem Heft.

Geflügel-Börse, Verlag Jürgens KG, Postfach 1529, 8034 Germering 1. Erscheint monatlich zweimal.

Kanarienfreund, die Zeitschrift nicht nur der Kanarienzüchter, sondern auch aller anderen Vogelliebhaber. Erscheint monatlich zweimal im Hanke-Verlag GmbH, Postfach 1040, 7530 Pforzheim.

Literatur

Ali, Salim: Indian Hill Birds, Illustr. by G. M. Henry, Oxford Univ. Press, 1949.

Aschenborn, Carl: Fremdländische Stubenvögel – Körnerfresser, Lehrmeister-Bücherei Nr. 122. Albrecht Philler Verlag, Minden 1954 und 1966.

Aschenborn, Carl: Fremdländische Stubenvögel – Weber und Witwen, Lehrmeister-Bücherei Nr. 120, Albrecht Philler Verlag, Minden 1952 und 1966.

Baker, E. C. Stuart: The Fauna of British India including Ceylon and Burma, Birds, vol. III. London 1926.

Bannermann, D. A.: The Birds of West and Equatorial Africa, Edinburgh and London, 1930–1951.

Bielfeld, Horst: Prachtfinken. Ihre Haltung und Pflege. Verlag Eugen Ulmer, Stuttgart 1973.

Catalogue of the Birds in the British Museum, vol. XIII, London 1890.

Collias, N. E., and Collias, E. C.: Evolution of nest-building in the Weaverbirds (Ploceidae). University of California, Publication in Zoology, vol. 73, Berkeley and Los Angeles 1964.

Dost, Helmut: Fremdländische Stubenvögel. Verlag Eugen Ulmer, Stuttgart 1969.

Grzimek, Bernhard.: Grzimeks Tierleben, 9. Band, Vögel 3. Kindler Verlag, Zürich 1970.

Hartert, E.: Die Vögel der paläarktischen Fauna, Bd. I. Berlin 1910.

Heinzel, Fitter, Parslow: Pareys Vogelbuch, Alle Vögel Europas, Nordafrikas und des Mittleren Ostens. Verlag Paul Parey, Hamburg und Berlin 1972.

Henry, G. M.: A Guide to the Birds of Ceylon. Oxford University Press, 1955 und 1971.

Jahn: Zur Ökologie und Biologie der Vögel Japans. Journal für Ornithologie 1942.

Koenig, O.: Der Schrillapparat der Paradieswitwe Steganura paradisea. Journal für Ornithologie 1962.

Kronberger, Harry: Haltung von Vögeln, Krankheiten der Vögel. VEB Gustav Fischer Verlag, Jena 1973.

Lachner, Rolf: Indien – Ceylon, neu entdeckt, Südwest Verlag, München 1973.

Lachner, Rolf: Paradies der wilden Vögel, Ostafrika. Südwest-Verlag, München 1969.

Mackworth-Praed, C. W., and Grant, C. H. B.: African Handbook of Birds; Birds of West Central and Western Africa, 2 vols., Birds of Eastern und North-eastern Africa, 2 vols, Birds of the Southern Third of Africa, 2 vols., Longmans, Green and Co., London 1952–1963.

Maclean, Gordon L.: The Sociable Weaver, Ostrich 44, pp. 176–261, 1973.

Meinertshagen: Bulletin of the British Ornithologists' Club, LVIII, p. 10, 1937.

Moreau, R. E.: The Ploceine weavers of the Indian Ocean islands. J. für Ornithologie 1960.

Neunzig, K.: Fremdländische Stubenvögel. Magdeburg 1921, Nachdruck Asher & Co., Amsterdam 1965.

Nicolai, Jürgen: Der Brutparasitismus der Witwenvögel. Vogel-Kosmos 1970; Die Gefiederte Welt 1973.

Nicolai, Jürgen: Käfig- und Volierenvögel. Das Vivarium, Kosmos, Franckh'sche Verlagshandlung, Stuttgart 1965 und 1973.

Nicolai, Jürgen: Vogelhaltung – Vogelpflege. Das Vivarium, Kosmos, Franckh'sche Verlagshandlung, Stuttgart 1965.

Nicolai, Jürgen: Zwei neue Hypochera-Arten aus Westafrika, Journal für Ornithologie 1972.

Payne: Behavior, Mimetic Songs and Song Dialects, and Relationships of the Parasitic Indigobirds (Vidua) of Africa. Anchorage, Ky. 40223 (American Ornithologists' Union), 1973.

Peterson, R. Mountfort, G, Hollom, P. A. D.: Die Vögel Europas. Verlag Paul Parey, Hamburg und Berlin 1954 und 1973.

Raethel, Heinz-Sigurd: Krankheiten der Vögel. Das Vivarium, Kosmos, Franck'sche Verlagshandlung, Stuttgart 1966.

Rand, A. L.: The Distribution and Habits of Madagaskar Birds, Bulletin of the American Museum of Natural History, LXXII, pp. 193–499, 1936.

Roberts, A.: The Birds of South Africa, McLachlan and Liversidge. Johannesburg 1970.

Rutgers, A.: Enzyklopädie für den Vogelliebhaber. Verlag Littera Scripta Manet, Grossel, Niederlande, 1967–1970.

Rutgers, A.: Handbuch für Zucht und Haltung fremdländischer Vögel. Verlag J. Neumann-Neudamm, Melsungen 1969.

Sabel, Karl: Vogelfutterpflanzen. Verlag Jacob Helène, Pfungstadt, neue Auflage als Taschenbuch, 1967.

Schäfer, E.: Ornithologische Ergebnisse meiner Forschungsreisen nach Tibet, Journal für Ornithologie 86, Sonderheft (349 pp.), 1938.

Williams, John G.: Die Vögel Ost- und Zentralafrikas, Verlag Paul Parey, Hamburg und Berlin 1973.

Williams, John G.: Säugetiere und seltene Vögel in den Nationalparks Ostafrikas. Verlag Paul Parey, Hamburg und Berlin 1971.

Wolters, H. E.: Ein neuer Malimbus (Ploceidae, Aves) von der Elfenbeinküste, Zoologische Beiträge aus der Vogelsammlung des Museums Koenig, Bonn, Heft 4, 25/1975.

Bildnachweis

G. Gassner: S. 146 oben, 147 unten und 148 oben
T. Pagel: S. 145 oben rechts, 146 unten
Alle übrigen Fotos vom Autor

Register

Die mit * versehenen Seitenzahlen verweisen auf Abbildungen